UNIV. OF FLA. LIBR.

S0-BWX-193

VERHANDELINGEN, AFDELING NATUURKUNDE

KONINKLIJKE NEDERLANDSE AKADEMIE VAN WETENSCHAPPEN

TWEEDE REEKS, DEEL 65

DIE TERRESTRISCHEN STACHELPILZE EUROPAS

(The terrestrial hydnums of Europe)

Mit 58 Abbildungen im Text und 40 Farbtafeln

R. A. MAAS GEESTERANUS

NORTH - HOLLAND PUBLISHING COMPANY · AMSTERDAM · LONDON

UNIVERSITY OF FLORIDA LIBRARIES

JUN 2 1975

VERHANDELINGEN DER KONINKLIJKE NEDERLANDSE
AKADEMIE VAN WETENSCHAPPEN, AFD. NATUURKUNDE
TWEEDE REEKS, DEEL 65

DIE TERRESTRISCHEN STACHELPILZE EUROPAS

(The terrestrial hydnums of Europe)

Mit 58 Abbildungen im Text und 40 Farbtafeln

R. A. MAAS GEESTERANUS

NORTH-HOLLAND PUBLISHING COMPANY - AMSTERDAM, LONDON - 1975

ISBN 72048286 0
LIBRARY OF CONGRESS
CATALOGUE CARD NUMBER 74–73297

Q
57
.A533
deel 65

Farbtafeln nach Aquarellen von
J. H. van Os und R. A. Maas Geesteranus

AANGEBODEN: DECEMBER 1973
AANVAARD: JANUARI 1974
GEPUBLICEERD: MAART 1975

INHALT

VORWORT

Ein Botaniker von Weltruf schrieb einmal (im Vorwort seines Buches), daß Vorworte sowieso nicht gelesen werden. Diesen Wink habe ich verstanden, ich werde mich daher kurz fassen.

Die vorliegende Arbeit soll in erster Linie eine Flora der europäischen bodenbewohnenden Stachelpilze sein. Das wesentliche Merkmal einer Flora ist, daß man den Text durcharbeiten kann, ohne allzuviel abgelenkt zu werden. Daher wurden ausführliche Fundortlisten und Standortangaben weggelassen. Zwar sind diese lokal von Bedeutung, aber sie erleichtern die Bestimmungsarbeit nicht und wurden deshalb auf ein Minimum beschränkt. Auch Erörterungen und Mitteilungen, die eventuell von akademischem Interesse sind, finden hier keinen Platz.

Auf Grund obenstehender Erwägung und um dem nicht nur rein floristisch interessierten Leser die taxonomische Gliederung einiger Gattungen deutlich zu machen, folgt auf den mehr floristischen Hauptteil des Buches ein Abschnitt (S. 81), der zum Teil der Taxonomie der zwei schwierigsten Gattungen *Hydnellum* und *Sarcodon* gewidmet ist. Hier wird erstmals eine in Sektionen aufgegliederte Übersicht aller, zum Teil auch außereuropäischen und tropischen, Arten veröffentlicht. Es ist ohne weiteres klar, daß diese Synopsis für ein weit größeres Gebiet als nur Europa von Nutzen sein kann; sie wurde daher in englisch geschrieben. Dieser Übersicht schließen sich ebenfalls in englisch geschriebene Bestimmungsschlüssel und (etwas gekürzte) Artbeschreibungen an.

Für einige ist es vielleicht überraschend zu lesen, daß die wenigsten Stachelpilze zu den Hydnaceae im engeren Sinne gehören, so werden z.B. gerade die zwei größten Gattungen (*Hydnellum* und *Sarcodon*) zu den Thelephoraceae gerechnet. Näheres über diese und weitere Familien, deren nicht-hydnoide Gattungen hier nicht behandelt werden, ist in den üblichen Lehrbüchern zu finden.

Für die Bestimmung der Stachelpilze steht den europäischen Mykologen eine ziemlich große Auswahl verschiedenster Veröffentlichungen zur Verfügung. Einige Autoren dieser Arbeiten seien hier erwähnt: BANKER (1906), BOURDOT & GALZIN (1928), CEJP (1928, 1930), COKER & BEERS (1951), DONK (1933), FERDINANDSEN & WINGE (1943), GULDEN & STORDAL (1973), HALL & STUNTZ (1972), HARRISON (1961, 1964, 1968), MAAS GEESTERANUS (1956–1959), NIKOLAJEVA (1961), und RICKEN (1920). Außerdem gibt es viele farbigen Abbildungen in den Werken von BRESADOLA (1932), KONRAD & MAUBLANC (1925–1935) und MICHAEL-SCHULZ (1922–1927; neu bearbeitet bekannt als MICHAEL-HENNIG, 1960).

Wenn trotzdem die Bestimmung fast überall und jahraus, jahrein nur Zweifel und Schwierigkeiten bereitet, muß dafür ein Grund bestehen. Tatsächlich sind mehrere Gründe vorhanden: die Arbeiten sind vergriffen, oder nur lokal bekannt, oder wurden in einer Sprache verfaßt, welche in anderen Ländern meist nicht verstanden wird, oder sind zum Teil veraltet, oder in mehreren Punkten unzutreffend; außerdem basieren die meisten auch nicht auf einem vorangegangenen Studium authentischen Materials. Dazu kommt die Tatsache — und das ist meines Erachtens das größte Hindernis für den Fortschritt unserer Kenntnisse — daß man es sich in vergangener Zeit in Europa mit den Stachelpilzen viel zu leicht gemacht hat. In der Gattung *Hydnum* z.B. sind die Beziehungen zwischen den beiden sogenannten Arten *H. repandum* und *H. rufescens* noch keineswegs geklärt. Man hat ja nicht einmal angefangen, das Problem zu erkennen! Vielleicht hat doch irgendein Mykologe Interesse daran, die Gattung *Hydnum* zu bearbeiten, zumal es in den südlichen Gegenden Europas Formen gibt, die weder der einen, noch der anderen Art zuzuordnen sind. Weiter gibt es die schon mehrmals erwähnten Gattungen *Hydnellum* und *Sarcodon*, die sich als viel artenreicher und schwieriger erwiesen haben als man ja bisher geahnt hat. In der vorliegenden Arbeit werden drei nordamerikanische Arten neu für die europäische Flora aufgeführt. Fünf sind neu für die Wissenschaft. Manche dürftigen und ohne jegliche Aufzeichnungen gesammelten Proben liegen als unbestimmbar in den großen Herbarien; und dennoch stellen einige davon sicher neue Arten dar.

Es ist klar, daß wir mit all unserer bisherigen Kenntnis erst am Anfang stehen. Zwar befinden wir uns heute auf festerem Grund als vor zwanzig, dreißig Jahren, aber schon in nicht allzu ferner Zukunft sehe ich einige Schwierigkeiten auftauchen. Mit vorliegendem Buch hoffe ich einigermaßen die Richtung ins struppige Gelände gezeigt zu haben; andere bringen vielleicht den Mut auf, die schmale Fährte zu einer Fahrstrasse auszubauen. Dabei können Amateure und Berufsmykologen gleich wertvolle Arbeit leisten.

Die folgenden Institute haben durch wertvolle Leihsendungen meine Arbeit wesentlich gefördert: es sind die Herbarien zu Ann Arbor (MICH), Genf (G), Graz (GZU), Kopenhagen (C), Montpellier (MPU), München (M), Oslo (O), Ottawa (DAOM), Uppsala (UPS) und Zürich (Z). Auch viele Personen aus den verschiedensten Himmelsrichtungen Europas (mit zusammen 14 Muttersprachen) haben dazu beigetragen, daß die vorliegende Arbeit ohne große Lücken abgeschlossen werden konnte.

Ich möchte diesen allen recht herzlich danken. Ich bitte um Verständnis dafür, daß ich auf eine lange Namenliste verzichten muß.

Nicht zuletzt ist es mir ein großes Bedürfnis, der Abteilung „Natuurkunde" der „Koninklijke Nederlandse Akademie van Wetenschappen" meinen herzlichen Dank auszusprechen für die günstige Beurteilung des Manuskriptes und die Annahme zum Druck.

ALLGEMEINER TEIL

Einige Erläuterungen

Abmessungen. Aus Gründen der Einheitlichkeit und um den ständigen und zugleich verwirrenden Wechsel zwischen Angaben in Millimetern und Zentimetern zu vermeiden, wurden alle makroskopischen Größenangaben in Millimetern angegeben. Das ist vielleicht bei den ganz großen Stachelpilzen etwas komisch und ungewohnt, hat aber in der Praxis deutlich Vorteile, wenn nebeneinander große und kleine Arten beschrieben werden müssen.

Amyloid ist die Bezeichnung, die jeder Zellwand zukommt, welche sich durch Melzers Reagenz blau, grau oder schwärzlich färbt.

Basidie. Eine sporentragende Hymenialzelle mit meist vier Sterigmen (pfriemliche Auswüchse), die je eine Spore tragen. In einigen Familiendiagnosen werden in Bezug auf die Basidien die Ausdrücke stichisch, chiastisch oder hemichiastisch gebraucht. Stichische Basidien sind solche, deren Gestalt hauptsächlich zylindrisch ist und in denen die Kernspindeln längsgestellt sind. Chiastische Basidien sind gekennzeichnet durch keulenförmige Gestalt und die apikalen, auf dem gleichen Niveau liegenden, quergestellten Kernspindeln. Hemichiastische Basidien nehmen eine Zwischenstellung ein.

Chiastisch. Siehe unter Basidie.

Dimitisch. Siehe unter Hyphensystem.

Duplex. Das Fleisch des Hutes und/oder des Stieles wird bei mehreren Arten als duplex charakterisiert. Damit ist gemeint, daß das Fleisch zentral fest ist, aber gegen die Hutoberseite und gegen die Stielaußenseite in ein lockereres Gewebe übergeht. Dieser Unterschied kann sehr deutlich, unter Umständen aber auch wenig auffallend sein; eine scharfe Grenze läßt sich nicht ziehen.

Exkretionshäufchen kommen vielfach auf dem getrockneten Hut von einigen *Hydnellum*- und *Sarcodon*-Arten vor. Es sind dies Anhäufungen von Kriställchen einer chemischen Substanz, deren Zusammensetzung mir zwar nicht bekannt ist, deren Anwesenheit aber als spezifisches Merkmal bei der Bestimmung mitunter gute Dienste leistet.

Farbreaktionen. Die zwei im folgenden erwähnten chemischen Reaktionen sind Farbreaktionen, von denen eine kaum noch erläutert zu werden braucht. Es ist die Blaufärbung der Sporen durch Melzers Reagenz, wie sie bei *Auriscalpium vulgare* zu beobachten ist.

Die zweite Reaktion wird, wie sich gezeigt hat, manchmal falsch ausgeführt, so daß eine kurze Beschreibung nicht überflüssig ist.

Alle Arten der Sektion *Velutina* (Gattung *Hydnellum*) besitzen purpurbraunes Fleisch, wenigstens im Stiel. Ein Dünnschnitt dieses Fleisches, in einen Tropfen KOH (etwa 8%) getaucht, färbt sich sofort dunkel violett, um kurz darauf schmutzig oliv zu werden. Diese Reaktion ist wirklich sehr praktisch: sie ist zuverlässig und zeigt am raschesten den Unterschied zwischen *Hydnellum peckii* und den ständig damit verwechselten Arten der Sektion *Velutina*. Die Reaktion muß unter der Lupe beobachtet werden; sie verläuft manchmal sehr schnell.

Farbzonen auf dem Hut bei *Phellodon* gibt es in zwei Typen. Der eine beruht auf wechselnden Unterschieden in der Pigmentkonzentration, der andere wird durch den von Runzeln zu Rillen wechselnden Lichteinfall hervorgerufen. Farbzonen des ersteren Typus zeigen sich unabhängig von der relativen Lage des Fruchtkörpers zum Lichteinfall, die des zweiten Typus verschwinden beim Wenden des Hutes. Es ist wichtig, diese beiden Typen in einer schon ohnehin merkmalsarmen Gattung auseinanderzuhalten.

Generative Hyphen. Siehe unter Hyphensystem.

Geruch. Man gewöhne sich bei *Hydnellum* und *Sarcodon* daran, den Geruch an der Schnittfläche des der Länge nach aufgeschnittenen, frischen Pilzes zu beurteilen. Der Ausdruck ,,Mehlgeruch'' ist nur annähernd richtig, wie übrigens jede andere Bezeichnung des Geruches, so z.B. nach Schnittbohnen oder nach Gurken. Der Duft mancher *Hydnellum*- und *Sarcodon*-Arten erinnert mich lebhaft an den Geruch von Wassermelone (*Citrullus vulgaris*). Auch Maggigeruch (bei *Bankera* und *Phellodon*) ist eine nur annähernde Bezeichnung, aber in den deutschsprechenden Ländern sehr gebräuchlich. Weniger bekannt, aber meines Erachtens besser zutreffend, ist der Vergleich mit dem Geruch von Samen des Bockshornklees (*Trigonella foenum-graecum*) oder von Schabziger, dem schweizerischen grünen Käse.

Geschmack. Für die Geschmacksprobe wähle man sich ein Stück des jungen, festen Fleisches. Die wichtigsten Empfindungen sind: mild, bitter und scharf. Da mein eigener Geschmackssinn nur wenig empfindlich ist, sind die Angaben leider nicht sehr gewissenhaft eingetragen.

Gloeozystiden sind zylindrische bis spindelförmige, dünnwandige Gebilde mit öligem Inhalt und befinden sich im Hymenium. Unter den in diesem Buch behandelten Gattungen gibt es Gloeozystiden nur bei *Auriscalpium*.

Hemichiastisch. Siehe unter Basidie.

Hymenophor. Das Gewebe an der Unterseite des Hutes, das das Hymenium trägt und dessen Gestalt bestimmt.

Hyphensystem. Der Vollständigkeit halber wird bei den Gattungsdiagnosen das Fleisch als monomitisch oder dimitisch beschrieben. Der erstere Ausdruck bezieht sich darauf, daß das Fleisch aus nur einem einzigen Hyphentypus aufgebaut ist. Einige weitere Unterteilungen beiseite lassend, die hier nicht besprochen zu werden brauchen, werden die Hyphen dieses Typus generative Hyphen genannt. Bei dimitischem Fleisch sind außer diesen (meist dünnwandigen) generativen Hyphen noch dickwandige Skeletthyphen vorhanden.

Die terrestrischen Stachelpilze sind (im Gegensatz zu manchen Holz bewohnenden Gattungen) alle monomitisch.

„Matted". Bei einigen *Hydnellum*-Arten ändert sich während der Entwicklung des Fruchtkörpers die ursprünglich samtartige Hutbekleidung oft in einen Filz, wobei auch die obersten Hyphen wirr verflochten aussehen. Bei anderen Arten legen sich dagegen nur die obersten Hyphen zusammen (während die darunter befindlichen Hyphen weitgehend aufrecht bleiben) und bilden eine Art dünne, parallelfaserige Decke. Für die Beschreibung einer solchen Oberfläche ist mir kein eindeutiger Ausdruck in deutscher Sprache bekannt. Ich verwende den englischen Ausdruck „matted".

Monomitisch. Siehe unter Hyphensystem.

Schnallen. Eine Schnalle ist, rein morphologisch betrachtet, ein bogenförmiger Auswuchs von einer Zelle zur anderen; sie befindet sich dort, wo zwei Nachbarzellen durch eine Querwand getrennt werden. Man suche die Schnallen im festen Fleisch des Hutes, vorzugsweise in einiger Entfernung vom Hutrand, da dieselben sich bei gewissen Arten erst an den älteren Hyphen entwickeln, das heißt 1–5 mm von Hutrand entfernt. Es sind dies die Arten, welche auch an den Basidien keine Schnallen aufweisen.

Skeletthyphen. Siehe unter Hyphensystem.

Sterigme. Siehe unter Basidie.

Stichisch. Siehe unter Basidie.

PRAKTISCHE HINWEISE

Die meisten Stachelpilze verändern sich während ihrer Entwicklung sehr stark. Zur Erleichterung der Bestimmung ist es erforderlich, junge und alte Fruchtkörper zu sammeln.

Bei einigen Arten ist der Stiel wurzelartig verlängert. Da dieser Wurzelstrang manchmal ein spezifisch wichtiges Merkmal ist, lohnt es sich, die Fruchtkörper mit einer gewissen Umsicht zu sammeln.

Es ist unbedingt notwendig, daß von jeder Aufsammlung (frisch oder getrocknet) ein oder zwei Fruchtkörper in Längsrichtung durchgeschnitten werden. Struktur, Zonierung und Farbe des Fleisches sind wichtige Merkmale für die Bestimmung, oft schon auf Gattungsniveau.

Farbnotizen sind erwünscht, bei zwei Gattungen mit fleischigen Arten (*Hydnum* und *Sarcodon*) sogar unentbehrlich. Besser als Notizen sind Farbskizzen, und zwar von Hut, Stiel und Fleisch, wobei es mehr auf die richtige Farbwiedergabe als auf die Form ankommt. Auch Menschen ohne großes Zeichentalent sind hierzu imstande!

Für die Bestimmung mehrerer Arten der Gattungen *Hydnellum* und *Sarcodon* sind reife Sporen unbedingt nötig. Schon am Standort kann man solche sammeln, indem man die unter den Fruchtkörpern befindlichen

Laubblätter, Koniferennadeln, Gräser und Zweige, auf denen sich die abgeworfenen Sporen angehäuft haben, mit einsammelt. Oft sind auch die Stacheln teilweise durch Kleingetier mit irgendeinem Gespinnst umgeben, dessen Fäden manchmal reichlich mit Sporen überdeckt sind. Solche Glücksfälle dürfen nie beseitigt werden.

Die Messung und das Zeichnen der Sporen erfolgen am besten mit gefärbten Sporen, welche sich in einer viskosen Flüssigkeit befinden. Ganz hervorragend eignet sich dafür eine Lösung von Methylblau (etwa 200 mg) in Lactophenol (100 g). Beide Stoffe sind leicht bei verschiedenen Firmen erhältlich.

Ich möchte schließlich noch darauf hinweisen, daß die Beschreibungen in diesem Buch nicht ganz einheitlich sind. Erstens sind meine früheren Notizen begreiflicherweise weniger ausführlich als die späteren; zweitens sind von mehreren Arten nur getrocknete Proben vorhanden.

DIE ERSCHEINUNGSZEIT

Die Angabe der Erscheinungszeit der einzelnen Stachelpilze hat weniger Bedeutung für ein so großes Gebiet wie Europa mit seinen unterschiedlichen Klimaverhältnissen. Im allgemeinen erscheinen die Stachelpilze im mitteleuropäischen Raum in der Periode zwischen Ende August bis Ende Oktober. Funde im Juli kommen aber auch vor, während späte Herbstregen dafür verantwortlich sind, daß einige Arten in den südlichsten Gebieten Europas erst im Monat November zum Vorschein kommen.

DER STANDORT

Nach meiner Erfahrung kommen sämtliche bodenbewohnenden Stachelpilze auf saueren Böden vor, entweder in Laubwald (mit *Quercus, Fagus* oder *Castanea*), in Nadelwald (mit *Picea* oder *Pinus*) oder in Mischwald. Soweit Stachelpilze überhaupt in ökologischen Arbeiten erwähnt werden, wird diese Meinung bestätigt, so z.B. durch BOHUS & BABOS (1967: 358). Scheinbare Ausnahmen müssen nachgeprüft werden.

DIE GEOGRAPHISCHE VERBREITUNG

Einige der bekanntesten Arten weisen eine sehr weite Verbreitung auf und fehlen wahrscheinlich in keinem der europäischen Länder. Interessanter ist die Frage, wie es sich mit den Arten verhält, von denen nur ein einziger Fund bekannt ist, oder die auf ein bestimmtes Gebiet beschränkt zu sein scheinen. In den meisten Fällen wird das Verbreitungsareal in Wirklichkeit größer sein, nur liegen bisher noch keine Funde vor. Es erübrigt sich, nach den möglichen Ursachen dieser angeblichen Seltenheit zu forschen. Ein einziges Beispiel soll genügen um zu zeigen, daß durch Zusammenarbeit mehrerer Mykologen ein Areal innerhalb weniger Jahre außerordentlich stark vergrößert werden kann. *Sarcodon martioflavus* wurde 1963 als neu für Europa in Norwegen entdeckt; heute ist die Art auch aus Deutschland und von mehreren Stellen der Schweiz bekannt.

SPEZIELLER TEIL

„The ‚description' seldom describes the fungus.“
T. Petch *in* Ann. R. bot. Gdns Peradeniya 4: 24. 1907.

AURISCALPIACEAE Maas G.

Auriscalpiaceae Maas G. *in* Proc. K. Ned. Akad. Wet. (Ser. C) **66**: 426. 1963.
— Typus: *Auriscalpium* S. F. Gray.

Fruchtkörper dem Substrat flächenhaft aufgewachsen, teilweise mit abgebogener Hutkante oder aus einem Hut bestehend und mit oder ohne Stiel, samtartig-filzig bis rauhhaarig, verkahlend oder schon im Anfang kahl. Hymenophor stachelig oder lamellenartig, im letzteren Fall mit zerrissen-gezähnten Lamellen. Fleisch zäh bis ziemlich weich, weiß bis bräunlich, gegen die Hutoberfläche mitunter durch eine schwarzbraune Kutikula begrenzt, in einigen Fällen gänzlich aus einem dunkelbraunen Filz bestehend, das weiße Fleisch bisweilen amyloid, monomitisch mit generativen Hyphen oder dimitisch mit generativen und Skeletthyphen. Generative Hyphen verzweigt, septiert, mit Schnallen. Basidien keulenförmig, basal mit Schnalle, 4-sporig. Sporen rundlich bis ellipsoidisch, feinstachelig oder warzig bis glatt, farblos (Sporenpulver weiß), amyloid. Gloeozystiden vorhanden.

Auf abgefallenen Koniferenzapfen, Holz, Wurzelstöcken von Gräsern oder zwischen Moos vorkommend.

Die einzige hydnoide und (scheinbar) bodenbewohnende Gattung Europas ist *Auriscalpium*.

AURISCALPIUM S. F. Gray

Auriscalpium S. F. Gray, Nat. Arrang. Br. Pl. 1: 650. 1821; P. Karst. *in* Meddn Soc. Fauna Fl. fenn. **5**: 41. 1879. — Typus-Art: *Auriscalpium vulgare* S. F. Gray. Weitere Synonymie: MAAS GEESTERANUS (1959: 115).

Fruchtkörper aus Hut und Stiel bestehend. Hut behaart bis kahl, mit oder ohne Kutikula, seitlich oder zentral gestielt, weißlich, gelblich oder bräunlich. Stiel voll, behaart bis kahl, mit oder ohne Kutikula, dem Hut gleichfarbig. Hymenophor stachelig. Stacheln braun in verschiedenen Farbtönen, zuletzt weißlich bereift. Fleisch im Hut nicht gezont, weich bis zäh, weiß bis braun, bei einigen Arten an der Oberseite mit einer zähen, schwärzlichen Kutikula, monomitisch mit generativen Hyphen oder dimitisch mit generativen und Skeletthyphen. Generative Hyphen verzweigt, septiert, mit Schnallen. Basidien keulenförmig, basal mit Schnalle, 4-sporig. Sporen rundlich bis ellipsoidisch, feinstachelig oder warzig bis glatt, farblos (Sporenpulver weiß), amyloid. Gloeozystiden zahlreich.

Auf abgefallenen Koniferenzapfen, Holz, Wurzelstöcken von Gräsern oder zwischen Moos vorkommend.

Die Gattung ist in Europa durch eine einzige Art vertreten, welche nur auf abgefallenen Koniferenzapfen wächst. Weitere Arten sind aus Südamerika, Asien und Neuseeland bekannt.

AURISCALPIUM VULGARE S. F. Gray — Abb. 1, 2

Hydnum auriscalpium L., Spec. Pl. 2: 1178. 1753; ex Fr., Syst. mycol. 1: 406. 1821. — *Scutiger auriscalpium* (L.) Paul., Traité Champ., Atl.: Taf. 33 Fig. 4. 1812–1835. — *Auriscalpium vulgare* S. F. Gray, Nat. Arrang. Br. Pl. 1: 650. 1821 (Namensänderung); P. Karst. *in* Meddn Soc. Fauna Fl. fenn. **5**: 41. 1879 (Namensänderung). — *Pleurodon auriscalpium* (L. ex Fr.) P. Karst. *in* Revue mycol. 3/No. 9: 20. (1. Jan.) 1881 & *in* Acta Soc. Fauna Fl. fenn. 2 (1): 34. 1881 & *in* Meddn Soc. Fauna Fl. fenn. **6**: 16. 1881 („Quél."). — *Leptodon auriscalpium* (L. ex Fr.) Quél., Ench. Fung.: 192. 1886. — *Auriscalpium auriscalpium* (L. ex Fr.) Banker *in* Mem. Torrey bot. Club 12: 178. 1906. — Typus-Fundort: Schweden, „. . . copiosus adhuc per Westrobothniam" (Linn., Fl. lappon.: 368. 1737). Weitere Synonymie: MAAS GEESTERANUS (1959: 115).

Fruchtkörper einzeln stehend oder am Stielgrund zusammengewachsen oder proliferierend und einer gemeinsamen Basis entspringend. Hut bis 20 mm im Durchmesser, nierenförmig bis fast kreisrund, beim Stielansatz ausgebuchtet, flach gewölbt oder über dem Stiel etwas niedergedrückt, nicht konzentrisch gezont, aber bisweilen mit einer konzentrischen, flachen Grube, samtig-filzig oder zottig behaart, schließlich kahl werdend, blaß gelblich braun, rosabraun, umbrabraun, zuletzt schwärzlich. Stiel 10–140 × 1–2 mm, dem Hut meist seitlich angewachsen, seltener durch Verwachsung scheinbar zentral, voll, zylindrisch oder nach unten allmählich bis 7 mm verdickt, zottig behaart, dunkel braun, am Grunde meist blasser braun. Stacheln bis 3 mm lang, 0,1–0,2 mm dick, nicht oder wenig herablaufend, nicht gedrängt stehend, pfriemlich, frei, bräunlich fleischfarben, zuletzt bläulich grau, weiß bepudert von den reifenden Sporen. Fleisch bis etwa 0,5 mm dick im Hut, zäh, weiß, gegen die Oberseite durch eine schwarze Linie von der Behaarung getrennt.

Fleisch aus dem weißen Teil des Hutes dimitisch; generative Hyphen 1,8–2,2 μm breit, nicht aufgeblasen, dünnwandig, verzweigt, septiert mit Schnallen; Skeletthyphen 2–3,6 μm breit, nicht aufgeblasen, dickwandig bis fast massiv, manchmal etwas knorrig-unregelmäßig, nicht septiert, ohne Schnallen. Basidien 15–24 × 5–6,5 μm, keulenförmig, basal mit Schnalle, 4-sporig. Sporen 4,5–5,5 × 3,5–4,5 μm, breit ellipsoidisch, an der axialen Seite ein wenig abgeflacht, ganz fein stachelig, farblos, amyloid. Gloeozystiden zahlreich, vorspringend, spindelförmig, bis etwa 6 μm breit, dünnwandig. (Beschreibung hauptsächlich nach getrocknetem Material)

Nicht im eigentlichen Sinne terrestrisch, sondern auf abgefallenen, modernden Nadelholzzapfen (meist von *Pinus*, seltener von *Picea*) wachsend, welche manchmal in der Erde versteckt sind. Wohl überall in Europa verbreitet.

BANKERACEAE Donk

Bankeraceae Donk *in* Persoonia 1: 405. 1961. — Typus: *Bankera* Coker & Beers ex Pouz.

Fruchtkörper aus Hut und Stiel bestehend. Hut anfangs samtartig bis samtartig-filzig, später in verschiedenster Weise verändernd, sehr unterschiedlich gefärbt. Stiel voll, samtartig-filzig bis kahl, dem Hut gleichfarbig oder dunkler. Hymenophor stachelig. Stacheln reif grau. Fleisch entweder brüchig, ungezont, weißlich bis etwas gefärbt, oder faserig, zäh bis holzartig, meist stark gefärbt; monomitisch. Geruch trocken würzig nach Maggi. Generative Hyphen aufgeblasen oder nicht, meist dünnwandig, verzweigt, septiert, mit einer Ausnahme ohne Schnallen. Basidien keulenförmig, 4-sporig, basal ohne Schnalle. Sporen breit ellipsoidisch bis rundlich, fein höckerig bis stachelig, farblos (Sporenpulver weiß), nicht amyloid. Zystiden fehlend.
Terrestrisch.

Die Familie umfaßt die zwei Gattungen *Bankera* und *Phellodon*.

BANKERA Coker & Beers ex Pouz.

Bankera Coker & Beers, Stip. Hydn. east. U.S.: 33. 1951 (nicht gültig beschrieben, ohne lateinische Diagnose); ex Pouz. *in* Česká Mykol. 9: 95. 1955. — Typus-Art: *Hydnum fuligineo-album* Schmidt ex Fr.

Fruchtkörper aus Hut und Stiel bestehend. Hut anfangs samtartig-filzig, später die Oberfläche „matted" oder schuppig zerreißend, weiß bis braun in verschiedenen Farbtönen. Stiel voll, filzig, kahl werdend, dem Hut gleichfarbig. Hymenophor stachelig. Stacheln zuletzt grau. Fleisch (im unteren Teil des Hutes) fest-fleischig bis faserig-zäh, nicht gezont, weiß oder etwas gefärbt, monomitisch, trocken würzig, nach Maggi riechend. Hyphen aufgeblasen, dünn- oder etwas dickwandig, verzweigt, septiert, ohne Schnallen. Basidien keulenförmig, basal ohne Schnalle, 4-sporig. Sporen kugelig bis ellipsoidisch, höckerig-warzig bis stachelig, farblos, Sporenpulver weiß. Zystiden fehlend.

Terrestrisch.

In Europa umfaßt die Gattung zwei Arten (eine dritte Art gibt es in Nordamerika).

SCHLÜSSEL ZU DEN ARTEN

1. Hut zuerst filzig, bald kahl, seltener undeutlich schuppig, immer schmutzig durch anhaftende Sandkörner, Pflanzenreste, usw. In trockenen *Pinus*-Wäldern: . . . . *B. fuligineo-alba*, 15
1. Hut zuerst filzig, später auffallend schuppig zerreißend, immer sauber. Mit *Picea* vergesellschaftet: . . . . *B. violascens*, 16

BANKERA FULIGINEO-ALBA (Schmidt ex Fr.) Pouz.
Taf. 1

Hydnum fuligineo-album Schmidt *in* Kunze & Schmidt, Mykol. Hefte 1: 88. 1817; ex Fr., Syst. mycol. 1: 400. 1821. — *Tyrodon fuligineo-albus* (Schmidt ex Fr.) P. Karst. *in* Bidr. Känn. Finl. Nat. Folk 37: 91. 1882. — *Sarcodon fuligineo-albus* (Schmidt ex Fr.) Quél., Ench. Fung.: 189. 1886. — *Sarcodon violascens* var. *fuligineo-albus* (Schmidt ex Fr.) Quél., Fl. mycol.: 447. 1888. — *Bankera fuligineo-alba* (Schmidt ex Fr.) Coker & Beers, Stip. Hydn. east. U.S.: 34. 1951 (nicht gültig publiziert). — *Bankera fuligineo-alba* (Schmidt ex Fr.) Pouz. *in* Česká Mykol. 9: 96. 1955. — Typus-Fundort: Deutschland, „. . . in Fichtenwaldungen bey Bernstadt (im Nonnenwalde) und bey Kauffungen in Sachsen". (Schmidt, l.c.). Weitere Synonymie: MAAS GEESTERANUS (1958: 56).

Fruchtkörper einzeln stehend bis mehr oder weniger miteinander verwachsen. Hut frisch bis 150 mm im Durchmesser (trocken bis 80 mm), flach gewölbt bis in der Mitte vertieft, glatt bis flach buckelig-uneben, weder konzentrisch gezont noch radiär gerunzelt, mit zunächst ein-gerolltem, später geschweiftem und gelapptem Rand; anfänglich samtartig oder wollig-samtartig, die Oberfläche bald „matted" und mattglänzend, seltener fein netzig-grubig oder zum Teil mit angedrückten, kleinen Schüppchen; immer (und meistens sehr stark) verunreinigt durch fest anhaftende Sandkörner, Humus, Nadelstreu und andere Pflanzenreste; zuerst weiß, von der Mitte aus allmählich gelbbraun, bräunlich fleisch-farben, rötlich braun bis dunkelbraun verfärbend (gut getrocknet sich

wenig ändernd). Stiel frisch 20–60 ×10–30 mm (trocken mehr eingeschrumpft), voll, zylindrisch oder abwärts verjüngt, aber auch oft
unten etwas knollig verdickt, öfters bis zur Hälfte im Sand steckend,
einfach oder am Grund gegabelt, die Teile meistens verwachsen bleibend,
samtartig-filzig, hie und da zu faserigen Schuppen zerreißend, oder die
Oberfläche zuletzt „matted", glänzend, blaß bräunlich, mit der Zeit
sich kräftiger bräunend, an der Stielspitze sowohl frisch wie getrocknet
mit einer auffälligen weißlichen Zone. Stacheln bis 6 mm lang, 0,2–0,6 mm
dick, bis zur weißlichen Zone am Stiel herablaufend, gedrängt stehend,
pfriemlich, frei oder verwachsen, im Anfang weiß, zuletzt silbergrau bis
aschgrau (unreife Stacheln rosa bis lachsorange verfärbend beim Trocknen).
Fleisch frisch bis etwa 15 mm dick, trocken bis 6 mm, nicht ausgesprochen
duplex, aber der obere Teil im Hut deutlich filzig-weich, darunter fest-
fleischig, nicht gezont, weißlich, frisch mitunter rosa überhaucht, gelblich-
bräunlich im Alter, graubraun im Stielgrund. Geruch trocken würzig,
nach Maggi.

Hyphen des Hutes 3,5–16 μm breit, stark aufgeblasen, dünn- bis etwas
dickwandig, verzweigt, öfters anastomosierend, septiert, ohne Schnallen.
Basidien 27–35 ×4,5–5,5 μm, keulenförmig, basal ohne Schnalle, mit vier
bis 3 μm langen Sterigmen. Sporen 4,7–5,4 ×2,7–3,6 μm, ellipsoidisch mit
etwas unregelmäßigem Umriß, warzig-stachelig (Stacheln zahlreich, kurz,
spitz), farblos. (Beschreibung hauptsächlich nach getrocknetem Material)

In trockenen Kieferwäldern (*Pinus*) mit oder ohne Unterwuchs von
Vaccinium und *Cladonia*-Arten. Material wurde von mir untersucht aus
fast allen Teilen Europas zwischen Finnland und Jugoslawien.

Wo am Standort der Unterwuchs fehlt, sind die Fruchtkörper kurzstielig
und die Stiele manchmal am Grunde etwas knollig verdickt. In etwas
lockerem Boden und zwischen Flechtenrasen findet man dagegen
Fruchtkörper mit schlanken und abwärts verjüngten Stielen.

BANKERA VIOLASCENS (Alb. & Schw. ex Fr.) Pouz.
Abb. 3, Taf. 2, 3

Hydnum violascens Alb. & Schw., Consp. Fung. 265. 1805; ex Fr., Syst. mycol.
1: 401. 1821. — *Tyrodon violascens* (Alb. & Schw. ex Fr.) P. Karst. *in* Bidr. Känn.
Finl. Nat. Folk 37: 91. 1882. — *Sarcodon violascens* (Alb. & Schw. ex Fr.) Quél.
in C.r. Ass. franç. Av. Sci. 11: 399. „1822" [1883]. — *Bankera violascens* (Alb. &
Schw. ex Fr.) Pouz. *in* Česká Mykol. 9: 96. 1955. — Typus-Fundort: Deutschland,
Oberlausitz, „Seer Busch; Dubrau; Hölle; Arnsdorfer Berge" (Alb. & Schw., l.c. 265).
Weitere Synonymie: MAAS GEESTERANUS (1958: 58).

Fruchtkörper einzeln stehend oder meist miteinander verwachsen. Hut
frisch bis 170 mm im Durchmesser (trocken bis 80 mm), zuerst gewölbt
oder mit einem flachen Buckel, später in der Mitte niedergedrückt bis
trichterig vertieft, glatt bis etwas radiär wellig uneben, mit anfänglich

etwas eingebogenem, später geschweiftem und stark eingerissenem Rand; im Anfang samtartig oder wollig-filzig, die Oberfläche bald „matted" und mehr oder weniger glänzend, mitunter schwach konzentrisch gezont, bald darauf schuppig aufreißend, die Schuppen zonal angeordnet, kurz, breit, angepreßt bis locker anliegend, oder unregelmäßig und weit bis zur Mitte aufgerissen, fetzenartig, aufgekräuselt, etwas glänzend; immer sauber; zunächst weiß, von der Mitte aus gelblich-graulich purpurn, bräunlich fleischfarben oder purpurbraun werdend (auch gut getrocknete Proben im Herbar allmählich matt und fahl grau, fahl graugelb bis dunkelbraun). Stiel 25–120 × 7–25 mm, seltener einfach, meist gegabelt oder verschiedenartig verästelt, verbreitert-verwachsen, die Äste einen gemeinsamen Hut, oder fächerförmige Hutsegmente, oder gesonderte Hütchen tragend, vielfach auch mit sterilen Spitzen endend, voll, abwärts verjüngt, samtartig-filzig, die Oberfläche bald „matted" oder faserig oder auch schuppig zerreißend, etwas glänzend, anfangs weißlich, vom Grund aufwärts rötlich braun bis purpurbraun verfärbend (getrocknet fahl gelbbraun bis dunkelbraun), an der Stielspitze nur selten und undeutlich mit einer weißlichen Zone. Stacheln bis etwa 6,5 mm lang, 0,2–0,6 mm dick, mehr oder weniger herablaufend, gedrängt stehend, pfriemlich, einfach oder verwachsen, anfangs weiß, zuletzt silbergrau bis hell aschgrau (unreife Stacheln lachsorange verfärbend beim Trocknen). Fleisch trocken bis etwa 1 mm dick, nicht ausgesprochen duplex, aber der obere Teil wenigstens in der Jugend filzig-weich, darunter fest-fleischig, nicht gezont, weißlich bis lilagrau im Hut, rötlich grau bis purpurbraun im Stiel. Geruch trocken würzig, nach Maggi.

Hyphen des Hutes 2,7–22,5 μm breit, stark aufgeblasen, dünn- bis etwas dickwandig, verzweigt, septiert, ohne Schnallen. Basidien ca. 27 × 5,5–6,3 μm (nur unreif gesehen), keulenförmig, basal ohne Schnalle. Sporen 4,5–5,4 × 4,3–4,5 μm, breit ellipsoidisch, stachelig (Stacheln zahlreich, kurz, spitz), farblos. (Beschreibung hauptsächlich nach getrocknetem Material)

In Nadel- oder Mischwald, aber immer mit Fichten (*Picea*) vergesellschaftet. Material wurde untersucht aus Norwegen, Schweden, Finnland, Dänemark, Frankreich, der Schweiz, Deutschland, Österreich und der Tschechoslowakei.

Obgleich ich ziemlich viel Material gesehen habe, waren die Proben fast ausnahmslos schon getrocknet und fehlten ihnen die unentbehrlichen Notizen. Aus diesem Grund ist es vorläufig noch nicht möglich die Frage zu beantworten, ob die Farbe des Stielinnern unter allen Umständen ein zuverlässiges Merkmal zur Unterscheidung von *B. violascens* und *B. fuligineo-alba* ist. Bezeichnend ist jedoch, daß *B. violascens*, auch nach bester Behandlung, getrocknet einen fahleren Eindruck macht als *B. fuligineo-alba*, was auf eine andere chemische Zusammensetzung des Farbstoffs hinweisen könnte. Ein weiteres Merkmal, das der Überprüfung bedarf ist die Dicke des Hutfleisches bei beiden Arten. Es sieht aus, als hätte *B. violascens* einen wesentlich dünnfleischigeren, dafür aber zäheren, Hut als *B. fuligineo-alba.*

PHELLODON P. Karst.

Phellodon P. Karst. *in* Revue mycol. 3/No. 9: 19. (1. Jan.) 1881 & *in* Meddn Soc. Fauna Fl. fenn. 6: 15. 1881. — *Hydnum* [Sektion] *Phellodon* (P. Karst.) J. Schroet. *in* KryptogFl. Schles. 3 (1): 465. 1888. — *Calodon* Untergattung *Phellodon* (P. Karst.) P. Karst. *in* Bidr. Känn. Finl. Nat. Folk 48: 357. 1889. — Typus-Art: *Hydnum nigrum* Fr. ex Fr.

Fruchtkörper aus Hut und Stiel bestehend. Hut anfangs samtartig-filzig, später radiär faserig oder „matted", mit radiären Leisten oder Schuppen oder die Oberfläche netzig-grubig oder mit kräftigen Fortsätzen besetzt, weiß, olivfarben oder braun in verschiedenen Farbtönen bis fast schwarz. Stiel voll, stark filzig und dabei meist mit pflanzlichen Resten überdeckt oder kahl und sauber, dem Hut gleichfarbig oder dunkler. Hymenophor stachelig. Stacheln zuletzt grau. Fleisch faserig, weich bis fest, zäh bis holzartig, bisweilen duplex, gezont, monomitisch (mit generativen Hyphen), trocken meist würzig nach Maggi riechend. Hyphen nicht aufgeblasen, dünnwandig, verzweigt, septiert, (mit einer einzigen Ausnahme in Nordamerika) ohne Schnallen. Basidien keulenförmig, basal ohne Schnalle, 4-sporig. Sporen kugelig bis ellipsoidisch, stachelig, farblos, Sporenpulver weiß. Zystiden fehlend.
Terrestrisch.

In Europa ist die Gattung mit vier Arten vertreten.

PHELLODON CONFLUENS (Pers.) Pouz.
Abb. 4, Taf. 4 Abb. a–d

Hydnum * confluens Pers., Mycol. europ. 2: 165. 1825. — *Phellodon confluens*
(Pers.) Pouz. *in* Česká Mykol. 10: 74. 1956. — Lectotypus: „*Hydnum confluens*, var.
pileis concretis. Prope Clamar" (L 910.256–1608), siehe Maas Geesteranus (1958: 49).
Hydnum amicum Quél. *in* Grevillea 8: 115, Taf. 131 Abb. 1. 1880. — *Calodon
amicus* (Quél.) Quél. *in* C.r. Ass. fr. Avanc. Sci. 12: 504, Taf. 6 Abb. 14. „1883"
[1884]. — *Sarcodon amicus* (Quél.) Quél., Ench. Fung.: 189. 1886. — *Phellodon
amicus* (Quél.) Banker *in* Mycologia 5: 62. 1913. — *Hydnellum amicum* (Quél.)
Ragab *in* Mycologia 45: 944. 1953. — Typus: vertreten durch Taf. 131 Abb. 1
von Quélet.
Weitere Synonymie: MAAS GEESTERANUS (1958: 49).

Fruchtkörper nur selten einzeln stehend, meist miteinander verwachsen
und komplizierte Gruppen bildend, mitunter bis über 100 mm im
Durchmesser. Hut frisch bis 60 mm breit, flach oder in der Mitte vertieft,
meist mehr oder weniger buckelig oder durch Sprossen kompliziert und
uneben; zuerst dick samtartig-filzig, später in der Hutmitte öfters rauh
netzig-grubig oder dicht mit kurzen, scharfkantigen Fortsätzen besetzt,
seltener „matted" und (trocken) ein wenig glänzend, ohne oder mit wenig
ausgeprägten, konzentrischen Wellen und Farbzonen (siehe S. 8), gegen
den Hutrand nicht selten mit radiär angeordneten, anliegenden bis
eingedrückten Fasern oder spitzen Faserschuppen, der Hutrand selbst
lange wollig-samtartig bleibend; anfangs weiß, (beim Zusammenlegen des
Filzes) von der Mitte aus grau, gelbbraun, graubraun oder dunkelbraun
werdend (der weiße Filz im Herbar stark vergilbend). Stiel frisch 10–
20 × 5–15 mm (trocken meist eingeschrumpft und dünner), nicht selten
fast fehlend, voll, zylindrisch, nach unten verjüngt oder tonnenförmig,
oben meist faserig oder fast kahl, unten dagegen flaumig bis dick filzig,
später „matted", weiß, schließlich gelbbraun bis graubraun. Stacheln bis
2 mm lang, 0,1–0,2 mm dick, herablaufend, gedrängt stehend, pfriemlich,
frei oder verwachsen, erst weiß, später aschgrau, oft mit einem violettlichen
Farbton. Fleisch frisch etwa 5 mm dick, stellenweise etwas duplex im
Hut, deutlich duplex unten im Stiel, gezont, weiß bis blaß am Hutrand,
graubraun gegen die Hutmitte, dunkler im Stiel, in einem Tropfen KOH
schwach grünlich oder nicht verfärbend. Geruch trocken würzig, nach Maggi.
Hyphen des Hutes 2,5–5 μm breit, nicht aufgeblasen, dünnwandig,
verzweigt, septiert, ohne Schnallen. Basidien 20–30 × 5–7 μm, keulenförmig,
basal ohne Schnalle, mit vier 3–4,5 μm langen Sterigmen. Sporen 3,5–
4,5 × 3–4 μm (ohne Stacheln gemessen), rundlich bis breit ellipsoidisch,
stachelig, farblos. (Beschreibung nach frischem und getrocknetem Material)

Unter Fagaceae (*Quercus, Fagus, Castanea*) wachsend, meist unter
Eichen, seltener in Mischwald mit *Pinus* oder *Picea*. Die Art ist aus
den meisten Ländern Europas bekannt.
Dunkle Formen von *P. confluens* sind bisweilen mit *P. melaleucus*
verwechselt worden und sogar auch mit gewissen Formen von *P. niger*.

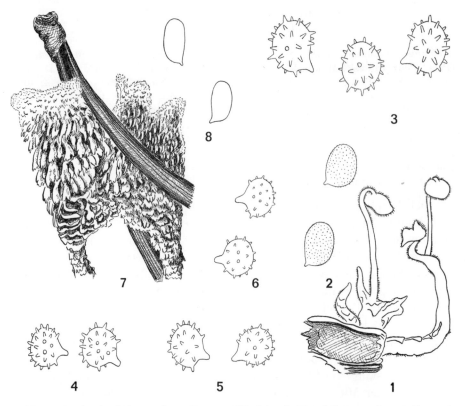

Abb. 1, 2. *Auriscalpium vulgare* (1 — proliferierende Fruchtkörper, 2 — 2 Sporen),
Niederlande: Overijssel, Delden, 22. Nov. 1953, M. G. J. Meijer (L).

Abb. 3. *Bankera violascens* (3 Sporen), Schweiz: Uri, Maderanertal, Umgebung
Bristen, 8. Sept. 1970, R. A. Maas Geesteranus 15390 (L).

Abb. 4. *Phellodon confluens* (2 Sporen), Großbritannien: Berkshire, Windsor
Great Park, Swinley Park, 3. Okt. 1968, E. E. Green & R. A. Maas Geesteranus
15314 (L).

Abb. 5. *Phellodon melaleucus* (2 Sporen), Tschechoslowakei: Böhmen, Bohdanec,
Velké Meziříce, 2. Sept. 1960, J. Kubička & Z. Pouzar (L).

Abb. 6. *Phellodon tomentosus* (2 Sporen), Schweiz: Unterengadin, 18. Sept. 1967,
J. Peter (L).

Abb. 7, 8. *Sistotrema confluens* (7 — zwei verwachsene Fruchtkörper von der
Hymenialseite, 8 — 2 Sporen), Jugoslawien: Preddvor bei Kranj, 26. Okt.
1968, Frau M. Tortić (L).

Fruchtkörper, x 1; Sporen, ×2800.

PHELLODON MELALEUCUS (Sw. apud Fr. ex Fr.) P. Karst.
Abb. 5, Taf. 4 Abb. e, Taf. 5 Abb. a–c

Hydnum melaleucum Sw. apud Fr., Obs. mycol. 1: 141. 1815; ex Fr., Syst.
mycol. 1: 406. 1821. — *Phellodon melaleucus* (Sw. apud Fr. ex Fr.) P. Karst. *in*
Revue mycol. 3/No. 9: 19. (1. Jan.) 1881 & *in* Meddn Soc. Fauna Fl. fenn. 6: 15.
1881. — Typus-Fundort: Schweden, „In pinetis Smolandiae, V. Gothiae in Råda ås,
prope Holmiam"; siehe Lindblad, Syn. Fung. Hydn. Suec. nasc.: 12. 1853.
    Weitere Synonymie: MAAS GEESTERANUS (1958: 50).

Fruchtkörper selten einzeln stehend, meist miteinander verwachsen und komplizierte Gruppen bildend von mehr als 100 mm im Durchmesser. Hut frisch bis etwa 35 mm breit, selten flach, meist in der Mitte niedergedrückt bis trichterig vertieft, oft schon in den jüngsten Stadien in der Mitte rauh, grubig oder mit scharfkantigen Fortsätzen besetzt; zuerst fein samtartig bis dünn filzig, später von der Mitte aus radiär faserig oder gerunzelt oder mit schwachen Leisten (trocken meist glänzend), mehr oder weniger ausgeprägt konzentrisch wellig, selten dagegen mit konzentrischen Farbzonen (siehe S. 8); anfangs weiß, dann von der Mitte aus aschgrau, bleigrau, blaugrau, bläulich schwarz, rötlich schwarz, gelbbraun, bräunlich fleischfarben, kupferrotbraun, purpurbraun oder schwarzbraun. Stiel frisch 10–20 × 1–5 mm, trocken kaum einschrumpfend (unter Umständen scheinbar bis 50 mm lang, weil sich aus einem alten Stiel immer neue Sprosse etagenweise übereinander entwickelt haben), einfach oder verwachsen, voll, zylindrisch oder seitlich zusammengedrückt, gegen den Hut meist verbreitert, gerade oder verbogen, bisweilen gedreht oder mit unregelmäßigen Auswüchsen, stark faserig (aber keineswegs filzig) bis kahl, unten bisweilen mit spinnwebigen Hyphen dem Substrat angeheftet, dunkelbraun bis schwarzbraun. Stacheln bis 2 mm lang, 0,1–0,2 mm dick, herablaufend, gedrängt stehend, pfriemlich, frei oder (seltener) verwachsen, erst weiß, später aschgrau bis silbergrau. Fleisch frisch 1–2 mm dick, nicht duplex, gezont, graubraun mit einem schiefergrauen oder purpurnen Ton, in einem Tropfen KOH deutlich olivgrün bis bläulich grün verfärbend. Geruch trocken würzig, nach Maggi.

Hyphen des Hutes 2,5–5 μm breit, nicht aufgeblasen, dünnwandig, verzweigt, septiert, ohne Schnallen. Basidien 18–28 × 5–6 μm, keulenförmig, basal ohne Schnalle, mit vier etwa 3,5 μm langen Sterigmen. Sporen 3,6–4,5 × 3–4 μm (ohne Stacheln gemessen), rundlich bis breit ellipsoidisch, stachelig, farblos. (Beschreibung nach frischem und getrocknetem Material)

In Laub- sowie in Nadelwald, in ganz Europa vorkommend.

Der Unterschied zwischen P. melaleucus und P. tomentosus ist mitunter schwierig in Worte zu fassen, obwohl man selten an der Artzugehörigkeit zweifelt. Hutfarbe, Farbzonen und Standort sind keine zuverlässigen Merkmale. In Zweifelfällen verlasse ich mich auf den im Schlüssel genannten Unterschied.

PHELLODON NIGER (Fr. ex Fr.) P. Karst.
Taf. 5 Abb. d, e, Taf. 6 Abb. a, b

Hydnum nigrum Fr., Obs. mycol. 1: 134. 1815; ex Fr., Syst. mycol. 1: 404. 1821. — Hydnellum nigrum (Fr. ex Fr.) P. Karst. in Meddn Soc. Fauna Fl. fenn. 5: 41. 1879. — Phellodon niger (Fr. ex Fr.) P. Karst. in Revue mycol. 3/No. 9: 19. (1. Jan.) 1881 & in Meddn Soc. Fauna Fl. fenn. 6: 15. 1881. — Calodon niger (Fr. ex Fr.) Quél., Ench. Fung.: 191. 1886. — Typus-Fundort: Schweden, „In pinetis passim, Smolandiae, Ostrogothiae, Uplandiae etc."; siehe Lindblad, Syn. Fung. Hydn. Suec. nasc.: 11. 1853.

Weitere Synonymie: MAAS GEESTERANUS (1958: 53).

Fruchtkörper selten einzeln stehend, meist miteinander verwachsen und mehr oder weniger komplizierte Gruppen bildend, bis etwa 100 mm im Durchmesser. Hut frisch bis 50 (ausnahmsweise 70) mm breit, selten flach oder flach gewölbt, meist in der Mitte niedergedrückt bis trichterig vertieft; in den jüngsten Stadien dick samtartig-filzig, mit sich bald zusammenlegendem Filz und dann unterschiedlich gestaltet: entweder größtenteils dicht mit scharfen, zerrissenen Sprossen besetzt, oder mit wenigen, kräftigen Fortsätzen, oder nur in der Mitte rauh grubig, oder lediglich etwas uneben, bisweilen mit sekundären Hüten; die übrige Oberfläche bis zum Rand (je nach der Entwicklung der Hutmitte) konzentrisch wellig und gezont, mit radiären Leisten, faserigen Schuppen oder Fasern, zwischen diesem zum Teil „matted" oder fast kahl (und dann trocken stark glänzend); der Hutrand meist bald verkahlend; unter Umständen anfangs blauviolett, meist aber weißlich oder blaßgrau, mit oder ohne lila Farbton, bald von der Mitte aus schwärzlich oder purpurschwarz, beim Eintrocknen am Standort ausbleichend und graugelb oder olivenfarbig graugelb werdend, meist mit deutlichen, konzentrischen, schwärzlichen Zonen, im Herbar blaß grau, gelblich grau, aschgrau oder schwärzlich. Stiel frisch 10–50 × 6–20 mm, trocken mehr oder weniger einschrumpfend (nicht selten etagenweise verwachsen und bis 70 mm lang), einfach oder miteinander verwachsen, voll, zylindrisch, tonnenförmig oder unten angeschwollen, einem gemeinsamen Myzelklumpen entspringend oder wurzelnd, samtartig, filzig oder „matted", manchmal aber vollkommen durch pflanzliche Reste überdeckt, zuerst schwarz, beim Eintrocknen aschgrau, dunkel grau bis graubraun, manchmal olivenfarbig getönt. Stacheln bis etwa 3 mm lang, 0,1–0,2 mm dick, herablaufend, gedrängt stehend, pfriemlich, frei oder verwachsen, erst blaugrau, bald weiß, später aschgrau bis silbergrau. Fleisch frisch und jung sehr stark ausgeprägt duplex im Hut wie im Stiel, durch Zusammenlegen des Filzes später aber kaum oder gar nicht mehr duplex im Hut und infolgedessen je nach dem Alter ungleich dick, 8–1 mm; der festere Kern korkig bis fast holzig, schwarz (trocken dunkel schiefergrau), in einem Tropfen KOH blaugrün verfärbend: der schwammige Teil der Außenseite gleichfarbig oder etwas dunkler. Geruch trocken würzig, nach Maggi.

Hyphen des Hutes 2–5,5 μm breit, nicht aufgeblasen, dünnwandig, verzweigt, septiert, ohne Schnallen. Basidien 20–30 × 4–7 μm, keulenförmig, basal ohne Schnalle, mit vier 4–5 μm langen Sterigmen. Sporen 3,6–4,5 × 2,7–3,5 μm (ohne Stacheln gemessen), rundlich bis breit ellipsoidisch, stachelig, farblos. (Beschreibung nach frischem und getrocknetem Material)

In reinem Laubwald (*Fagus* und *Quercus*) sowie in reinem Nadelwald (*Picea*, seltener *Pinus*) oder in Mischwäldern vorkommend, aus ganz Europa bekannt.

Junge Fruchtkörper haben gelegentlich eine schön blauviolette Farbe; solche Formen werden regelmäßig „*Hydnum caeruleum*" genannt.

Obwohl *P. niger* in einigen Teilen Europas einen kalkhaltigen Boden zu bevorzugen scheint, wächst sie in anderen ebensowohl auf saueren Standorten.

PHELLODON TOMENTOSUS (L. ex Fr.) Banker
Abb. 6, Taf. 6 Abb. c, d

Hydnum tomentosum L., Sp. Pl. 2: 1178. 1753; ex Fr., Syst. mycol. 1: 405. 1821. — *Phellodon tomentosus* (L. ex Fr.) Banker *in* Mem. Torrey bot. Club 12: 171. 1906. — *Calodon tomentosus* (L. ex Fr.) Maire *in* Publcions Inst. bot., Barcelona 3 (4): 36. 1937. — Typus-Fundort: Schweden, „in sylvis acerosis Dalekarliae" (Linnaeus, Fl. suec.: 383, no. 1099. 1745).

Hydnum cyathiforme Schaeff., Fung. Icon. 4: 93. 1774; ex St-Amans, Fl. agen.: 545. April 1821; nicht *Hydnum cyathiforme* a Fr., Syst. mycol. 1: 405. 1821 (=*Hydnellum scrobiculatum*); nicht *Hydnum cyathiforme* b Fr., Syst. mycol. 1: 405. 1821 (=*Hydnellum concrescens*). — *Hydnellum cyathiforme* (Schaeff. ex St-Amans) P. Karst. *in* Meddn Soc. Fauna Fl. fenn. 5: 41. 1879. — *Phellodon cyathiformis* (Schaeff. ex St-Amans) P. Karst. *in* Revue mycol. 3/No. 9: 19. (1. Jan.) 1881 & *in* Meddn Soc. Fauna Fl. fenn. 6: 15. 1881. — *Calodon cyathiformis* (Schaeff. ex St-Amans) Quél., Ench. Fung.: 191. 1886. — Typus: vertreten durch Taf. 139 von Schaeff., Fung. Icon. 2. 1763.

Weitere Synonymie: MAAS GEESTERANUS (1958: 54).

Fruchtkörper selten einzeln stehend, meist miteinander verwachsen und komplizierte Gruppen bildend, bis über 150 mm im Durchmesser. Hut frisch bis etwa 40 mm breit, flach oder in der Mitte niedergedrückt, seltener trichterig vertieft; zuerst samtartig-filzig, später von der Mitte aus radiär faserig, faserig-schuppig, gerunzelt oder mit schwachen Leisten, mehr oder weniger stark konzentrisch wellig, bisweilen grubig oder rauhhaarig in der Mitte, seltener die Oberfläche zum Teil oder ganz „matted" und ohne jegliche Markierung; anfangs weiß, dann von der Mitte aus gelbbraun oder gelblich graubraun, mit oder (seltener) ohne konzentrische, dunklere Farbzonen (siehe S. 8), zuletzt tief braun bis schwarzbraun. Stiel frisch 5–40 ×2–8 mm (trocken meist wenig einschrumpfend), einfach oder miteinander verwachsen, voll, seltener zylindrisch, meist unregelmäßig gewunden oder mit Auswüchsen oder seitlich zusammengedrückt, einem gemeinsamen Myzelklumpen entspringend oder wurzelnd, faserig oder glatt und kahl, bisweilen unten „matted", gelbbraun bis dunkelbraun. Stacheln bis 2 mm lang, 0,1–0,2 mm dick, herablaufend, gedrängt stehend, pfriemlich, frei oder verwachsen, erst weiß, später aschgrau bis silbergrau (unreif getrocknet oft fleischfarbig). Fleisch frisch 1–2 mm dick und undeutlich oder nicht duplex im Hut, selten duplex unten im Stiel, gezont, blaß im Hutrand, gelbbraun gegen die Hutmitte, braun im Stiel, in KOH nicht grün verfärbend. Geruch trocken würzig, nach Maggi.

Hyphen des Hutes 2,7–5 μm breit, nicht aufgeblasen, dünnwandig, verzweigt, septiert, ohne Schnallen. Basidien 22–24 ×3,5–5 μm, keulenförmig, basal ohne Schnalle, mit vier etwa 3 μm langen Sterigmen. Sporen 3,1–3,6 × 2,7–3 μm (ohne Stacheln gemessen), rundlich bis breit ellipsoidisch, stachelig, farblos. (Beschreibung nach frischem und getrocknetem Material)

In Nadel- und Mischwald, in ganz Europa vorkommend.

Eine Einteilung der europäischen *Phellodon*-Arten in Sektionen auf Grund der Stieloberfläche ist weniger gut durchführbar als ich früher glaubte (MAAS GEESTERANUS, 1958: 49). Spätere Funde von *P. tomentosus* zeigten, daß hin und wieder das Fleisch unten im Stiel deutlich duplex sein kann. Derartige Ausnahmen lassen Zweifel an der Artzugehörigkeit aufkommen. Bezeichnend sind hingegen das Ausbleiben der Farbreaktion des Fleisches in KOH und die kleinen Sporen.

CORTICIACEAE Herter

Corticiaceae Herter *in* KryptogFl. Brandenb. **6**: 70. 1910. — Typus: *Corticium* „Pers."

Fruchtkörper dem Substrat gewöhnlich flächenhaft aufgewachsen, selten mit abgebogener Hutkante oder aus Hut und Stiel bestehend. Hymenophor in den typischen Fällen glatt, aber auch merulioid oder röhrenförmig in getrocknetem Zustand (wobei die Schneiden der Scheidewände fertil sind), oder körnig (Körner fertil) bis stachelig (Stachelspitzen steril), oder mit unterschiedlich gestaltetem, sterilem, das Hymenium überragendem Gewebe. Fleisch nicht typisch stereoid (das heißt, nicht unterteilt in Hymenium, Mittelschicht und krustige abhymeniale Schicht). Hyphen verzweigt, septiert, mit oder ohne Schnallen. Basidien meist keulenförmig (obwohl andere Typen auch vorkommen), 2–8-sporig. Sporen glatt, warzig oder stachelig, farblos oder gefärbt (rosa, lila, violett, bläulich, grünlich), meist nicht amyloid. Verschiedene Typen von Zystiden oder hymeniale Hyphen können vorhanden sein, dickwandige und zugleich gefärbte Elemente fehlen dagegen.

Auf sehr verschiedenen Substraten vorkommend, meist saprophytisch, seltener parasitisch.

Von den vielen hierher gehörenden Gattungen bildet nur *Sistotrema confluens* manchmal längere Stacheln aus und wird daher hier besprochen.

SISTOTREMA Fr.

Sistotrema Fr., Syst. mycol. 1: 426. 1821; emend. Donk *in* Fungus 26: 4. 1956. — Typus-Art: *Sistotrema confluens* Pers. ex Fr.
Weitere Synonymie: Donk (l.c.).

Fruchtkörper dem Substrat flächenhaft aufgewachsen oder mit abgebogener Hutkante, seltener aus Hut und Stiel bestehend, spinnwebig, mehr oder weniger wachsartig oder dünn- bis dickhäutig, weiß bis blaß gefärbt. Hymenophor glatt oder röhrenförmig, kurz lamellenartig oder stachelig. Fleisch weich, brüchig, weißlich, monomitisch mit generativen Hyphen. Hyphen dünnwandig, verzweigt, septiert, in einigen Fällen an den Querwänden zwiebelartig aufgeblasen, mit oder ohne Schnallen. Basidien jung kugelig, später urnenförmig, (4–)6–8-sporig. Sporen rundlich bis fast zylindrisch, glatt, farblos (Sporenpulver weiß), nicht amyloid. Zystiden fehlend.

Auf toten, pflanzlichen Substraten.

Die einzige, im Rahmen dieses Buches zu besprechende Art ist *Sistotrema confluens*.

SISTOTREMA CONFLUENS Pers. ex Fr.
Abb. 7, 8

Sistotrema confluens Pers. *in* Neues Mag. Bot. 1: 108. 1794; ex Fr., Syst. mycol. 1: 426. 1821. — *Hydnotrema confluens* (Pers. ex Fr.) Link, Handb. Erkenn. Gewächse 3: 298. 1833. — *Irpex confluens* (Pers. ex Fr.) Kummer, Führ. Pilzk.: 49. 1871. — Holotypus: „*Sistotrema confluens*. Prope Gottingam lectum" (L 910.270–681). Weitere Synonymie: MAAS GEESTERANUS (1959: 141).

Fruchtkörper selten einzeln stehend, meist miteinander verwachsen, manchmal weder Hut noch Stiel aufweisend, sondern der Unterseite von Blättern, Zweigen und dgl. flächenhaft aufgewachsen. Hut, soweit vorhanden, bis etwa 20 mm breit, seltener kreisrund und in der Mitte niedergedrückt bis trichterig vertieft, meist fächerförmig und seitlich dem Stiel aufgesetzt, ungezont aber bisweilen konzentrisch flachwellig, undeutlich radiär runzelig bis glatt, anfänglich samtartig-filzig, zuletzt kahl werdend und mattglänzend, zuerst weiß, mit der Zeit oder beim Reiben gelblich oder orangebräunlich verfärbend; der Hutrand im Anfang ein wenig eingerollt, später gestreckt und etwas lappig. Stiel 0–10 × 0–2 mm, seltener zentral, meist lateral, voll, zylindrisch oder nach unten verjüngt, gerade oder etwas wellig, filzig, später kahl, meist stark verunreinigt, dem Hut gleichfarbig. Hymenophor in Gestalt von netzartig verbundenen Leisten, kurzen Röhren, kurzen welligen Platten, oder Stacheln, diese bis etwa 1 mm lang, weißlich bis gelblich. Fleisch etwa 1 mm dick, fleischig-faserig, weich, weiß, nicht selten über dem Hymenophor mit einer orangegelben Linie. Geruch fehlend oder sehr unterschiedlich beurteilt: ranzig, harzig, süßlich, widerlich.

Hyphen des Hutes 2–3 μm breit, an den Querwänden öfters bis 7 μm aufgeblasen, dünnwandig, verzweigt, septiert, mit Schnallen. Basidien 12–20 × 4–7 μm, jung kugelig, später urnenförmig, basal mit Schnalle, 4–6-sporig. Sporen 3,5–4,5 × 2–3 μm, ellipsoidisch, an der axialen Seite abgeflacht, glatt, farblos. (Beschreibung hauptsächlich nach getrocknetem Material)

Auf Nadelstreu und Humus in Nadel- und Mischwäldern. Wohl in ganz Europa vorkommend, aber infolge ihrer versteckten Lebensweise manchmal übersehen.

HYDNACEAE Chev.

Hydnaceae Chev., Fl. Env. Paris 1: 270. 1826. — Typus: *Hydnum* L. ex Fr.

Fruchtkörper aus Hut und Stiel bestehend. Hut zuerst samtartig-filzig, weiß, gelb, orange oder rotbraun. Stiel zentral oder exzentrisch, voll, samtartig-filzig, dem Hut gleichfarbig oder blasser. Hymenophor stachelig. Stacheln dem Hut gleichfarbig oder blasser. Fleisch brüchig, ungezont, weiß oder etwas gefärbt, monomitisch. Generative Hyphen aufgeblasen, dünnwandig, verzweigt, septiert, mit Schnallen. Basidien keulig, 3–6-sporig, basal mit Schnalle, stichisch. Sporen rundlich bis umgekehrt eiförmig, glatt, farblos (Sporenpulver weiß bis ockergelblich), nicht amyloid. Zystiden fehlend.
Terrestrisch.

Die einzige Gattung ist *Hydnum*.

HYDNUM L. ex Fr.

Hydnum L., Sp. Pl. 2: 1178. 1753; ex Fr., Syst. mycol. 1: lvi, 397. 1821. — Typus-Art: *Hydnum repandum* L. ex Fr.
Weitere Synonymie: MAAS GEESTERANUS (1959: 132; 1971: 64).

Fruchtkörper aus Hut und Stiel bestehend. Hut samtartig bis filzig, später „matted" oder verkahlend, selten Schuppen bildend; weißlich, gelb oder orange in verschiedenen Farbtönen bis rötlich braun. Stiel voll, dünnfilzig, kahl werdend, dem Hut gleichfarbig oder blasser. Hymenophor stachelig. Stacheln weißlich oder blaß bis ziemlich satt lachsfarben. Fleisch brüchig, nicht duplex, ungezont, monomitisch (mit generativen Hyphen). Hyphen aufgeblasen, dünnwandig, verzweigt, septiert, mit Schnallen. Basidien zylindrisch-keulenförmig, basal mit Schnalle, (3–)4–5(–6)-sporig. Sporen rundlich oder umgekehrt eiförmig, glatt, farblos (Sporenpulver weiß bis ockergelblich), nicht amyloid. Zystiden fehlend.
Terrestrisch, gelegentlich auf moderndem Holz.

Nach allgemeiner Ansicht umfaßt die Gattung in Europa die zwei Arten *H. repandum* und *H. rufescens*, die sich, wie man glaubt, in Größe, Gestalt und Farbe unterscheiden. Das dürfte für Skandinavien zutreffen, ist aber in den südlicheren Gegenden Europas keineswegs der Fall. Dort versagen alle Merkmale, die sonst zur Unterscheidung der beiden angeblichen Arten beigebracht werden. Man ist bald geneigt zu glauben, daß alle Formen vielleicht doch nur zu einer einzigen, stark variierenden Art gehören. Obgleich ich nicht von der Artberechtigung überzeugt bin, werde ich H. *repandum* und H. *rufescens* vorläufig gesondert aufführen. Was *Hydnum heimii* betrifft, so bin ich inzwischen der Ansicht, daß es spezifisch nicht von H. *repandum* getrennt werden kann.

SCHLÜSSEL ZU DEN ARTEN

1. Fruchtkörper meist groß und plump. Hut weißlich, gelblich, blaß fleischfarben, blaß lachsfarben. Stiel meist exzentrisch. Stacheln öfters eine Zone um die Stielspitze herum freilassend: . . . . H. *repandum*, 27
1. Fruchtkörper meist klein und schmächtig. Hut kräftig orangebraun. Stiel meist zentral. Stacheln oft ein wenig herablaufend: . . . . H. *rufescens*, 28

HYDNUM REPANDUM L. ex Fr. — Taf. 7, 8

Hydnum repandum L., Sp. Pl. 2: 1178. 1753. — *Hypothele repanda* (L.) Paul., Icon. Champ.: Taf. 35, Fig. 1–2. 1812–1835. — *Hydnum repandum* L. ex Fr., Syst. mycol. 1: 400. 1821. — *Dentinum repandum* (L. ex Fr.) S. F. Gray, Nat. Arrang. Brit. Pl. 1: 650. 1821. — *Tyrodon repandus* (L. ex Fr.) P. Karst. *in* Revue mycol. 3/No. 9: 19. (1. Jan.) 1881; in Acta Soc. Fauna Fl. fenn. 2 (1): 33. 1881 & *in* Meddn Soc. Fauna Fl. fenn. 6: 15. 1881. — *Sarcodon repandus* (L. ex Fr.) Quél., Ench. Fung.: 189. 1886. — *Hypothele repanda* (L. ex Fr.) Banker *in* Torreya 4: 113. 1904. — Typus-Fundort: Schweden, „Habitat in vastis sylvis rarius" (Linnaeus, Fl. suec.: 383, No. 1098. 1745).

Hydnum heimii Maas G. *in* Persoonia 1: 133. 1959 & 1: 363. 1960. — Typus: vertreten durch Taf. 99 von Heim *in* Bull. trimest. Soc. mycol. France 67 (Atlas). 1952 („*Sarcodon abietum*").

Weitere Synonymie: MAAS GEESTERANUS (1959: 134).

Fruchtkörper meist einzeln stehend, seltener am Stielgrund miteinander verwachsen. Hut frisch bis etwa 170 mm im Durchmesser, meist breitlappig, flach gewölbt, später in der Mitte niedergedrückt, an den Rändern mehr oder weniger stark wellig geschweift; zuerst samtartig, später filzig oder von der Mitte aus verkahlend, glatt, keine Schuppen bildend; weißlich, gelblich, blaß fleischfarben bis blaß lachsfarben, mitunter zu blaß grünlichen Farbtönen ausbleichend. Stiel frisch 35–75 × 15–40 mm, zentral oder (meist) exzentrisch, voll, zylindrisch, samtartig-filzig, kahl werdend, weiß, an der Basis und an Druckstellen vergilbend. Stacheln frisch bis etwa 6 mm lang, 0,2–0,3 mm dick, kurz herablaufend oder (meist) eine Zone um die Stielspitze herum freilassend, gedrängt stehend, pfriemlich, frei, sehr brüchig, weißlich bis lachsorange. Fleisch weich im Hut, derber im Stiel, weiß, vergilbend. Geruch angenehm. Geschmack zuletzt ein wenig scharf.

Hyphen des Hutes bis 25 µm breit, stark aufgeblasen, dünnwandig, verzweigt, septiert, mit Schnallen. Basidien 35–50 × 5–8 µm, zylindrisch-keulenförmig, basal mit Schnalle, mit vier, seltener fünf, 5–6 µm langen

Sterigmen. Sporen 6,5–9 ×5,5–7 μm, breit ellipsoidisch bis rundlich, glatt, farblos, mit körnigem Inhalt oder einem großen Öltropfen. (Beschreibung nach frischem Material)

In Laubwald sowohl als in reinem Nadelwald, ebensogut auf lehmigem oder kalkhaltigem Boden wie auf humosem Sand. Aus fast allen Ländern Europas bekannt.

Hydnum heimii, ursprünglich von Heim als *Sarcodon abietinus* (ungültig, weil ohne lateinische Diagnose) beschrieben, betrachte ich nunmehr als eine Form der außerordentlich variabelen Art *H. repandum*. Diese Form soll sich durch eine olivliche Farbe der Hutmitte, ungewöhnlich lange Stacheln (bis 14 mm) und angeblich schmalere Sporen (4,8–5 μm) von den üblichen Formen unterscheiden. Nun ist es aber nicht möglich, „*Hydnum heimii*" mit der typischen Form zu vergleichen, weil der Typus von *Hydnum repandum* nicht vorhanden ist.

Eben weil wir nicht über das Aussehen der typischen Form informiert sind, scheint es mir auch zwecklos, blaße Exemplare mit dem Namen *H. repandum* var. *album* zu belegen.

HYDNUM RUFESCENS Fr. – Taf. 9

[*Hydnum rufescens* Schaeff. sensu Pers., Obs. mycol. 2: 95. 1799] *Hydnum rufescens* Fr., Syst. mycol. 1: 401. 1821. — *Hydnum repandum* var. *rufescens* (Fr.) Barla, Champ. Prov. Nice: xlviii, 81. 1859. — *Hydnum repandum* subspec. *H. rufescens* (Fr.) Fr., Hym. europ.: 601. 1874. — *Tyrodon repandus* subspec. *T. rufescens* (Fr.) P. Karst. *in* Revue mycol. 3/No. 9: 19. (1. Jan.) 1881; *in* Acta Soc. Fauna Fl. fenn. 2 (1): 33. 1881 & *in* Meddn Soc. Fauna Fl. fenn. 6: 15. 1881. — *Sarcodon repandus* var. *rufescens* (Fr.) Quél., Ench. Fung.: 189. 1886. — *Tyrodon rufescens* (Fr.) P. Karst. *in* Bidr. Känn. Finl. Nat. Folk 48: 349. 1889. — *Dentinum rufescens* (Fr.) Pouz. *in* Česká Mykol. 10: 76. 1956. — *Sarcodon rufescens* (Fr.) Heim, Champ. Europe 2: 62. 1957. — *Hydnum repandum* f. *rufescens* (Fr.) Nikol. *in* Fl. sporov. Rast. SSSR 6 (2): 305. 1961. — Typus-Fundort: Deutschland.

Fruchtkörper einzeln stehend oder miteinander verwachsen und kleine Gruppen bildend. Hut frisch bis etwa 70 mm im Durchmesser, kreisrund bis etwas gelappt, flach gewölbt, später in der Mitte niedergedrückt, mit zuerst eingebogenem, später geradem bis welligem Rand; samtartig bis filzig, später von der Mitte aus kahl werdend, mitunter ein wenig gerunzelt, seltener in der Hutmitte zu kleinen Schüppchen aufreißend; ockergelblich orange bis lebhaft orangebraun. Stiel frisch 20–70 ×2–15 mm, meist zentral, voll, einfach bis mehr oder weniger stark verwachsen, zylindrisch oder nach unten etwas verdickt, fein samtartig-filzig, kahl werdend, weißlich, blaß fleischfarben oder gelblich orange, an Druckstellen vergilbend. Stacheln frisch bis etwa 5 mm lang, 0,2–0,3 mm dick, nicht oder kurz herablaufend, gedrängt stehend, pfriemlich, frei, brüchig, gelblich orange bis lachsorange. Fleisch ziemlich weich, blaß fleischfarben, vergilbend. Eigene Notizen über Geruch und Geschmack fehlend.

Hyphen des Hutes bis etwa 20 μm breit, stark aufgeblasen, dünnwandig, verzweigt, septiert, mit Schnallen. Basidien 35–45 ×6–9 μm, zylindrisch-keulenförmig, basal mit Schnalle, mit vier 5–6 μm langen Sterigmen. Sporen 6,5–8,5 ×5,5–7 μm, breit ellipsoidisch bis rundlich, glatt, farblos, mit körnigem Inhalt oder einem großen Öltropfen. (Beschreibung nach frischem Material)

In Laub- und Nadelwald, aus fast allen Ländern Europas bekannt. Wie es scheint, in den Gebirgsgegenden häufiger als im Flachland.

THELEPHORACEAE Chev.

Thelephoraceae Chev., Fl. Env. Paris 1: 84. 1826. — Typus: *Thelephora* Ehrh. ex Fr.

Fruchtkörper dem Substrat flächenhaft aufgewachsen, teilweise mit abgebogener Hutkante oder aus Hut und Stiel bestehend, bisweilen auch korallenförmig verästelt, unterschiedlich gefärbt. Hymenophor glatt, warzig, stachelig, röhrenförmig, gefaltet oder mit unvollständigen Lamellen. Fleisch flockig bis faserig, lederartig, korkig, holzig oder saftig-brüchig, monomitisch, bei einem Teil der Arten gekennzeichnet durch eine grüne Verfärbung in einer KOH-Lösung. Generative Hyphen nicht oder stark aufgeblasen, dünn- bis dickwandig, verzweigt, septiert, mit oder ohne Schnallen. Basidien keulenförmig, 2–4-sporig, basal mit oder ohne Schnalle, chiastisch. Sporen rundlich bis ellipsoidisch, öfters von unregelmäßigem Umriß, höckerig oder stachelig, braun bis (fast?) farblos, nicht amyloid. Zystiden gewöhnlich fehlend.
Terrestrisch oder holzbewohnend.

Die zwei hydnoide Gattungen dieser Familie sind *Hydnellum* und *Sarcodon*.

HYDNELLUM P. Karst.

Hydnellum P. Karst. *in* Meddn Soc. Fauna Fl. fenn. 5: 41. 1879. — Typus-Art: *Hydnum suaveolens* Scop. ex Fr.

Fruchtkörper aus Hut und Stiel bestehend. Hut anfangs samtartig, später filzig, „matted", faserig, schuppig oder grubig, je nach Art oder Umständen mit Leisten oder Fortsätzen; weiß, gelb, orange, orange-rot, braun, purpurbraun, seltener blau. Stiel voll, meist filzig, mehr oder weniger stark durch pflanzliche Reste überdeckt, dem Hut gleichfarbig oder nicht. Hymenophor stachelig. Stacheln bei Reife purpurbraun. Fleisch faserig, weich bis korkartig oder holzartig, mehr oder weniger duplex, gezont (wenngleich nicht immer deutlich), sehr unterschiedlich gefärbt, monomitisch (mit generativen Hyphen), trocken nie nach Maggi riechend. Hyphen meist nicht aufgeblasen, dünn- bis etwas dickwandig, verzweigt, septiert, mit oder ohne Schnallen. Basidien keulenförmig, basal mit oder ohne Schnalle, 4-sporig. Sporen von unregelmäßigem Umriß, warzig, höckerig oder (seltener) stachelig, bräunlich, Sporenpulver braun. Zystiden fehlend.

Terrestrisch.

Diese Gattung umfaßt in Europa 16 Arten; eine davon (*H. cumulatum*) ist neu für das Gebiet, zwei (*H. coalitum* und *H. tardum*) werden hier erstmals beschrieben. Die Arten verteilen sich über 6 Sektionen, von denen drei neu beschrieben werden.

SCHLÜSSEL ZU DEN SEKTIONEN

1. Hyphen ohne Schnallen.
   2. Hutfleisch weißlich, blaß oder orange; ein Dünnschnitt in einem KOH-Tropfen nicht oder nur grünlich verfärbend.
      3. Fleisch blaß im Hut, bräunlich im Stiel. Fruchtkörper an der Außenseite ohne orange oder orangebraune Farben. Geschmack scharf: . . . . Sekt. *Palliditextum,* 38
      3. Fleisch weißlich oder orange im Hut, orangebraun bis rostbraun im Stiel. Fruchtkörper an der Außenseite mit orangen oder orange-braunen Farben. Geschmack mild:. . . . . Sekt. *Aurantiaca,* 32
   2. Hutfleisch rosa, rosabraun oder purpurbraun; ein Dünnschnitt aus den kräftig gefärbten Teilen in einem KOH-Tropfen sich sofort dunkelviolett färbend, dann olivgrün: . . . . Sekt. *Velutina,* 42
1. Hyphen mit Schnallen.
   4. Fruchtkörper weder außen noch innen mit blauen Farben.
      5. Hutfleisch gelbgrün bis graugrün. Geschmack nach Mehl oder fehlend:. . . . . Sekt. *Viriditextum,* 55
      5. Hutfleisch blaß bis rosabräunlich. Geschmack scharf: . . . . . .
         . . . . Sekt. *Acerbitextum,* 30
   4. Fruchtkörper außen und/oder innen mit blauen Farben.
      6. Fleisch in der Stielbasis blau: . . . . Sekt. *Hydnellum,* 37
      6. Fleisch in der Stielbasis orangebraun: . . . .
         . . . . *Hydnellum caeruleum* der Sekt. *Aurantiaca,* 35

HYDNELLUM Sektion **Acerbitextum** Maas G., sect. nov.[1]

Typus-Art: *Hydnellum peckii* Banker apud Peck.

Hutfleisch blaß bis rosabräunlich, ohne violette Verfärbung in KOH. Geschmack scharf. Hyphen mit Schnallen.

Die einzige Art dieser Sektion in Europa ist *Hydnellum peckii*.

---

[1] Für die lateinische Beschreibung, siehe S. 90.

HYDNELLUM PECKII Banker apud Peck
Abb. 9, Taf. 10

Hydnellum peckii Banker apud Peck *in* Bull. N.Y. St. Mus. No. 157: 28. 1912; *in* Mycologia **5**: 203. 1913. — *Hydnum peckii* (Banker apud Peck) Trott. *in* Syll. Fung. **23**: 470. 1925. — *Calodon peckii* (Banker apud Peck) Snell & Dick apud Snell & al. *in* Lloydia **19**: 163. 1956. — Syntypus: „*Hydnellum peckii* Banker/ North Elba, N.Y./Sept. Peck" (NY).
Hydnellum diabolus Banker *in* Mycologia **5**: 194. 1913. — *Hydnum diabolus* (Banker) Trott. *in* Syll. Fung. **23**: 470. 1925; A. H. Smith, Mushrooms nat. Habit.: 227. 1949 (Neukombination bei Trotter). — *Calodon diabolus* (Banker) Murrill *in* Florida agr. Exp. Stn Bull. No. 478: 11. 1951; Snell apud Snell & al. *in* Lloydia **19**: 166. 1956 (Neukombination bei Murrill). — Holotypus: „*Hydnum carbunculus* Secr. / *H. ferrugineum* Fr. / Maine. Miss White 148" (NY).

Fruchtkörper einzeln stehend oder miteinander verwachsen. Hut bis etwa 65 mm im Durchmesser, nicht selten zuerst gewölbt, später flach bis vertieft, aber auch schon im Anfang vertieft; jung seltener ganz glatt, meist uneben oder mit kleinen, runden Buckeln (welche gegen den Hutrand radiär gestreckt sein können) oder in der Mitte mit wenigen Leisten oder zahlreichen Fortsätzen; diese Auswüchse beim Altern allmählich stärker ausgeprägt, vor allem die radiäre Markierung oft stark entwickelt (obwohl mitunter auch gar nicht) und nicht selten in radiäre, anliegende bis etwas aufgerichtete, spitze Faserschuppen übergehend, nicht bis deutlich konzentrisch gezont; anfänglich samtartig, später die Oberfläche „matted" oder stark faserig; zuerst weiß, bald blaß weinrot bis bräunlich rosa, von der Mitte aus rotbraun, purpurbraun, schwarzbraun werdend, bisweilen auch blaugrau, nicht selten mit einigen konzentrischen Farbzonen, jung und frisch oft dicht mit blutroten Tropfen versehen, Druckstellen später geschwärzt, in getrocknetem Zustand meist mit zerstreuten bis dicht-stehenden, winzigen Pusteln oder Exkretionshäufchen. Stiel 5–60 × 5–20 mm, einfach oder verwachsen, voll, zylindrisch, mehr oder weniger spindelförmig, nach unten verjüngt, oder unten verbreitert, samtartig, später einige Stellen „matted", meist aber stark durch Nadelstreu und pflanzliche Reste überdeckt, eher als der Hut dunkler werdend, zuletzt diesem gleichfarbig. Stacheln bis 4,5 mm lang, 0,1–0,2 mm dick, bis zur Stielspitze herablaufend, gedrängt stehend, pfriemlich, frei oder verwachsen, erst weißlich, zuletzt ziemlich blaß purpurbraun. Fleisch bis etwa 10 mm dick gegen die Mitte des Hutes, im Stiel länger duplex bleibend als im Hut, blaß, rosa-bräunlich bis blaß bräunlich, ohne Purpurton, im Hut mit zerstreuten gelblichen Fleckchen, im Stiel dunkler, (zumal trocken) mit unzähligen schwärzlichen, oft länglichen Fleckchen. Geschmack scharf.

Hyphen des Hutes 2,5–6,3 μm breit, nicht aufgeblasen, dünn- bis etwas dickwandig, verzweigt, septiert, mit Schnallen an den älteren Hyphen (gegen die Hutmitte). Basidien 25–30 × 6–7 μm, keulenförmig, basal ohne Schnalle, mit vier bis etwa 3,5 μm langen Sterigmen. Sporen 4,9–5,4 × 3,8–4 μm, von unregelmäßigem Umriß, höckerig (Höcker ziemlich zahlreich und grob, vorspringend, mit niedergedrücktem Scheitel), bräunlich. (Beschreibung hauptsächlich nach getrocknetem Material)

In Nadelwald (*Picea*, *Pinus*), aus vielen europäischen Ländern bekannt. Vor zwanzig Jahren war die Art noch nicht in der europäischen Literatur bekannt. In den Herbarien lag sie fast ausnahmslos unter *H. ferrugineum* oder *H. scrobiculatum*. Eine Form (Hut glatt oder mit kleinen Buckeln) ähnelt tatsächlich der ersteren Art, eine andere Form (Hut mit stark ausgeprägten radiären Runzeln oder Leisten, ein wenig konzentrisch gezont, und oft mit blaugrau gefärbten Stellen) sieht täuschend wie *H. scrobiculatum* aus. Von beiden Arten ist *H. peckii* sofort durch die Fleischfarbe, die schwärzlichen Fleckchen und die Schnallen zu unterscheiden. Auch die Geschmacksprobe ist eindeutig.

Früher war ich der Meinung, daß es sich bei diesen zwei Formen um selbständige Arten handelte. Heute dagegen bin ich der Ansicht, daß nur eine einzige Art vorliegt.

Es ist mir allerdings immer noch nicht klar, ob die beiden oben genannten Formen bloß verschiedene Altersstufen sind, oder ob sie durch unterschiedliche Umweltbedingungen verursacht werden.

HYDNELLUM Sektion AURANTIACA Pouz.

Hydnellum Untergattung *Phaeohydnellum* Pouz. Sektion *Aurantiaca* Pouz. *in* Česká Mykol. **10**: 76. 1956. — Typus-Art: *Hydnellum aurantiacum* (Batsch ex Fr.) P. Karst.

Fleisch im Stiel orangebraun oder braun in verschiedenen anderen Farbtönen, jedoch nicht purpurbraun und sich nicht dunkel violett färbend in KOH. Geruch nicht auffallend. Hyphen meist ohne, nur bei *H. caeruleum* mit, Schnallen.

Soweit Europa anbetrifft, gehören in diese Sektion die drei folgenden Arten: *H. aurantiacum*, *H. auratile* und *H. caeruleum*.

SCHLÜSSEL ZU DEN ARTEN

1. Hutfleisch ohne blaue Zonen. Hyphen ohne Schnallen.
   2. Fleisch weißlich im Hut, schmutzig orange bis orangebraun im Stiel. Hut ohne konzentrisch geordnete, dunkle Faserschüppchen:. . . . .
   . . . . *H. aurantiacum*,   33
   2. Fleisch im Hut und Stiel von gleicher Farbe, lebhaft orangebraun. Hut gewöhnlich mit konzentrischen, spitzen, dunklen Faserschüppchen:
   . . . . *H. auratile*,   34
1. Hutfleisch mit blauen Zonen. Hyphen mit Schnallen (obgleich nicht an allen Querwänden vorhanden; man muß manchmal ein wenig suchen):
   . . . . *H. caeruleum*,   35

HYDNELLUM AURANTIACUM (Batsch ex Fr.) P. Karst.
Abb. 10, 11, Taf. 11, Taf. 12 Abb. a, b

Hydnum suberosum var. *β aurantiacum* Batsch, El. Fung. Cont. 2: 103, Taf. 40 Fig. 222. 1789 (,,*aurantiaca*"). — *Hydnum aurantiacum* (Batsch) Alb. & Schw., Consp. Fung.: 265. 1805; Batsch ex Fr., Syst. mycol. 1: 403. 1821. — *Hydnellum aurantiacum* (Batsch ex Fr.) P. Karst. *in* Meddn Soc. Fauna Fl. fenn. 5: 41. 1879. — *Calodon aurantiacus* (Batsch ex Fr.) P. Karst. *in* Revue mycol. 3/No. 9: 20. (1. Jan.) 1881 & *in* Meddn Soc. Fauna Fl. fenn. 6: 16. 1881. — *Phaeodon aurantiacus* (Batsch ex Fr.) J. Schroet. *in* KryptogFl. Schles. 3 (1): 459. 1888. — Typus: vertreten durch Taf. 40 Fig. 222 von Batsch.

Weitere Synonymie: MAAS GEESTERANUS (1957: 52).

Fruchtkörper stark variierend, einzeln stehend oder mehr oder weniger miteinander verwachsen, mitunter komplizierte Gruppen bis 150 mm im Durchmesser bildend. Hut bis 100 mm breit, gewölbt bis flach oder vertieft, in einigen Altersformen sogar trichterförmig, jung bisweilen glatt, meistens aber in der Mitte uneben oder mit wenigen bis mehreren runden Buckeln oder groben Vorsprüngen, gegen den Rand meist mit radiären Runzeln, Falten oder Leisten, oder aber die ganze Oberfläche besetzt mit entweder groben und stumpfen oder feinen und gezackten Fortsätzen, schließlich nicht selten mit aus der Mitte hervorragenden kleinen Lappen oder Hütchen; im Alter mit aufsteigendem bis eingerolltem Rand; anfangs samtartig, später mit zu einem Filz verklebenden Hyphen und dann eine faserige Oberfläche bildend oder ,,matted" oder verkahlend; jung weiß, bei einigen Formen in ockergelb oder orangegelb, jedoch viel häufiger in hellorange bis orangebraun übergehend, zuletzt von der Mitte aus graubraun, dunkel gelbbraun oder dunkel orangebraun bis umbrabraun, in den stark trichterigen Altersformen mit wenigen bis mehreren, konzentrischen, helleren Zonen. Stiel 15–100 × 3–18 mm, einfach bis stark verwachsen, voll, zylindrisch bis spindelförmig oder am Grund keulenförmig angeschwollen, samtartig oder wollig, später die Oberfläche ,,matted"; zuerst gelblich orange bis hell orange, später orangebraun, seltener dunkelbraun. Stacheln bis 5 mm lang, 0,1–0,4 mm dick, herablaufend, gedrängt stehend, pfriemlich, frei oder verwachsen, erst weißlich, später purpurbraun. Fleisch bis 10 mm dick gegen die Mitte des Hutes, gegen den Hutrand meist beträchtlich dünner, duplex im Stiel, weißlich bis schmutzig gelblich im Hut (selten auch dort etwas orange), meist durch einige konzentrische schwarze Linien markiert, zum Stiel hin allmählich in schmutzig orange oder orangebraun übergehend, der Filz gewöhnlich lange rein orange bleibend.

Hyphen des Hutes 2,5–6,5 μm breit, nicht aufgeblasen, dünn- bis etwas dickwandig, verzweigt, septiert, ohne Schnallen. Basidien 33–37 × 6,5–7 μm, keulenförmig, basal ohne Schnalle, mit vier 3,6–5 μm langen Sterigmen. Sporen (5,8–)6–6,7 × (4–)4,3–4,9 μm, von unregelmäßigem Umriß, höckerig (Höcker ziemlich zahlreich, grob, vorspringend, mit flachem oder niedergedrücktem Scheitel), bräunlich. (Beschreibung nach getrocknetem Material)

In Nadel- oder Mischwäldern in weiten Teilen Europas.

Hydnellum aurantiacum ist außerordentlich vielgestaltig und weist dazu Formen mit sehr verschiedenen Farbtönen auf. Obwohl einige deutlich Altersformen sind (so z.B. Fruchtkörper mit dünnfleischigem, trichter-förmigem und öfters konzentrisch gezontem Hut), so gibt es doch ungezweifelt auch solche, deren Gestaltung durch die Umwelt bedingt ist. Eine Benennung dieser Formen erscheint aber deswegen aussichtslos, weil ein eingehendes Studium derselben wegen Materialmangels vorläufig fehlt. Außerdem könnte eine Aufteilung erst dann vorgenommen werden, wenn wir über das Aussehen des Typus der Art im klaren sind. Ein solcher ist aber nicht vorhanden. In diesem Fall muß ein Neotypus gewählt werden, und zwar aus der Umgebung von Jena, von wo Batsch seine Varietät *aurantiacum* beschrieben hat.

Wie unterschiedlich manche Formen auch aussehen, ihre Merkmale verlaufen gleitend ineinander, während ihre Sporen alle völlig gleich sind.

Die von Hall (apud HALL & STUNTZ, 1972c: 576) beschriebene Varietät *H. aurantiacum* var. *bulbipodium* dürfte eine Altersform sein, ähnlich wie in Taf. 11 Abb. g abgebildet ist.

Früher wurde *H. aurantiacum* nicht selten mit *H. ferrugineum* und *H. scrobiculatum* verwechselt. Das Fleisch dieser beiden Arten ist aber, wenigstens im Stiel, deutlich purpurbraun.

Auch sehr alte Fruchtkörper von *H. aurantiacum*, deren Stielfleisch statt lebhaft orangebraun stumpf braun verfärbt ist, lassen sich oft noch gut identifizieren an dem rostfarbenen, durch chromgelbe Fäden durch-setzten Myzel am Stielgrund.

HYDNELLUM AURATILE (Britz.) Maas G.
Abb. 12, Taf. 12 Abb. c–e

Hydnum auratile Britz., Hym. Südbayern 8: 14, Taf. 681 Fig. 40. 1891; *in* Beih. bot. Zbl. 26 (2): 214. 1910. — *Hydnellum auratile* (Britz.) Maas G. *in* Persoonia 1: 111. 1959. — Typus: vertreten durch Taf. 681 Fig. 40 von Britzelmayr.

Fruchtkörper selten einzeln stehend, meist miteinander verwachsen und kleine, jedoch komplizierte Gruppen bildend. Hut bis etwa 40 mm im Durchmesser, in der Mitte vertieft bis trichterförmig, seltener glatt, meist in der Mitte etwas zackig-grubig, oder mit einigen radiären Leisten, oder mit übereinander sprossenden Hütchen, schließlich konzentrisch flach grubig und radiär faserig-gestreift bis fein runzelig, mitunter etwas matt glänzend; im Anfang samtartig durch aufrecht stehende Hyphen, die bald darauf sich radiär anordnen und zum Teil anliegende bis eingedrückte, schmale, spitze, dunkel rötlich braune bis schwärzliche Faserschüppchen bilden, welche außerdem meist regelmäßig konzentrisch angeordnet sind; zunächst lebhaft orangegelb bis orangebraun, später in einer oder mehreren konzentrischen Zonen und/oder in der Mitte ausgebleicht, gelegentlich schwarzfleckig, bei Verletzung auffällig schwärzend. Stiel 10–40 × 2–15 mm, selten einfach, meist verzweigt und verwachsen, voll, zylindrisch oder nach unten bauchig angeschwollen, mehr oder weniger spitz zulaufend, samtartig, zuletzt filzig oder „matted", dem Hut gleichfarbig oder etwas mehr braun. Stacheln bis 2,5 mm lang, 0,1–0,2 mm dick, herablaufend, gedrängt stehend, pfriemlich, frei bis verwachsen, ockergelb bis orange-bräunlich, zuletzt purpurbraun. Fleisch bis etwa 2 mm dick gegen die Mitte des Hutes, etwas duplex im Stiel, bis zum Hutrand lebhaft orange-braun, im Stielgrund meist mehr bräunlich, mit spärlichen, konzentrischen, schwärzlichen Linien.

Hyphen des Hutes 2,5–7 μm breit, nicht aufgeblasen, dünn- bis etwas dickwandig, verzweigt, septiert, ohne Schnallen. Basidien 25–30 ×6–8 μm, keulenförmig, basal ohne Schnalle, mit vier bis 4,5 μm langen Sterigmen. Sporen 4,9–5,8 ×3,6–4,5 μm, von unregelmäßigem Umriß, höckerig (Höcker grob, vorspringend, mit niedergedrücktem Scheitel), bräunlich. (Beschreibung nach getrocknetem Material)

In Nadel(*Picea*)- oder Mischwald (*Picea* und *Fagus*), bislang bekannt aus Frankreich, Bundesrepublik Deutschland, der Schweiz, Österreich, der Tschechoslowakei und Italien.

Außerhalb Europa wurde die Art im Himalaya-Gebiet gefunden, wo sie in einer etwas üppigeren Form auftritt.

HYDNELLUM CAERULEUM (Hornem. ex Pers.) P. Karst.
Abb. 13, 14, Taf. 13, 14

Hydnum caeruleum Hornem. *in* Fl. dan. 8 (Fasc. 23): 7, Taf. 1374. 1808. — *Hydnum suaveolens* var. *H. caeruleum* Hornem. ex Fr., Syst. mycol. 1: 402. 1821 (nicht gültig publiziert). — *Hydnum caeruleum* Hornem. ex Pers., Mycol. europ. 2: 162. 1825. — *Hydnum suaveolens* var. *caeruleum* (Hornem. ex Pers.) Hornem., Nomencl. Fl. dan.: 65. 1827. — *Hydnum suaveolens* subsp. *H. caeruleum* (Hornem. ex Pers.) Fr., Epicr. Syst. mycol.: 507. 1838. — *Hydnellum caeruleum* (Hornem. ex Pers.) P. Karst. *in* Meddn Soc. Fauna Fl. fenn. 5: 41. 1879; Wehm., Fungi New Brunsw., Nova Scotia and Pr. Edw. Isl.: 68. 1950 (Neukombination bei Karsten). — *Calodon caeruleus* (Hornem. ex Pers.) P. Karst. *in* Bidr. Känn. Finl. Nat. Folk 37: 106. 1882; Quél. *in* C.r. Ass. franç. Av. Sci. 11: 399. „1882" [1883] (Neukombination bei Karsten). — *Phellodon caeruleus* (Hornem. ex Pers.) R. Nav. *in* Natuurwet. Tijdschr., Antw. 5: 67. 1923. — Typus: vertreten durch Tafel 1374 von Hornemann.
Weitere Synonymie: MAAS GEESTERANUS (1957: 54).

Fruchtkörper einzeln stehend oder miteinander verwachsen. Hut bis 110 mm im Durchmesser, anfangs gewölbt, dann flach, schließlich vertieft; jung glatt, bald uneben bis wulstig-höckerig, nicht selten dabei tief gewunden-grubig, meist ohne radiäre Markierung, im Alter gelegentlich mit einer flachen, konzentrischen Grube; anfänglich samtartig, später mit sich zusammenlegendem Filz, teilweise „matted", teilweise mit einer durch unregelmäßig netzförmige Linien oder niedrige Leisten markierten

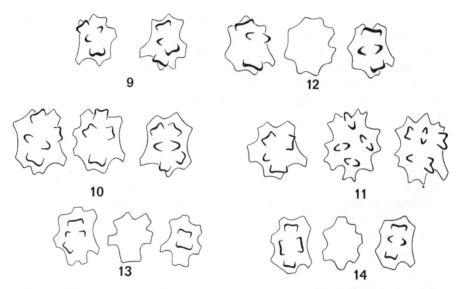

Abb. 9. *Hydnellum peckii* (2 Sporen), Schweden: Dalarna, SO von Brovallen, 18. Aug. 1970, M. A. & H. Jahn (L).

Abb. 10, 11. *Hydnellum aurantiacum.* — 10 (3 Sporen), Tschechoslowakei: Böhmen, Bohdanec, Velké Meziříce, 2. Sept. 1960, J. Kubička & Z. Pouzar (L). — 11 (3 Sporen), Schweden: Västmanland, Umgebung Heby, 18. Aug. 1970, M. A. & H. Jahn (L).

Abb. 12. *Hydnellum auratile* (3 Sporen), Bundesrepublik Deutschland: Baden-Württemberg, Tuttlingen, Witthoh Wald, Sept. 1969, H. Benk (L).

Abb. 13, 14. *Hydnellum caeruleum.* — 13 (3 Sporen), Norwegen: Buskerud, Sigdal, 16. Aug. 1936, B. Lynge (O). — 14 (3 Sporen), Frankreich: Ain, Martignat, 28. Sept. 1957, H. S. C. Huijsman (L).

Sporen, × 2800.

Oberfläche; jung und frisch azurblau bis violettblau (gut getrocknet blaß graublau bis blaß grauviolett), bald zu weiß ausbleichend, später von der Mitte aus sich bräunend und schließlich umbrabraun, sepiabraun, dunkelbraun. Stiel 15–60 × 10–25 mm, einfach bis verwachsen, voll, meist bauchig bis unförmig, seltener zylindrisch oder sogar nach unten verjüngt, meistens durch anhaftende pflanzliche Reste gänzlich überdeckt, samtartig bis „matted", gelborange bis orangebraun, seltener rostfarben. Stacheln bis 5 mm lang, 0,1–0,2 mm dick, herablaufend, gedrängt stehend, pfriemlich, frei oder verwachsen, zuerst bläulich, dann über weiß und bräunlich zuletzt purpurbraun werdend. Fleisch bis etwa 15 mm dick gegen die Mitte des Hutes, duplex im Hut und Stiel, im Hut aber mit allmählich schwindendem Filz; jung graublau im Hut, später weißlich bis blaß bräunlich orange mit bläulichen Zonen, im Stiel blaß bis kräftig orangebraun, der Filz meist heller gefärbt.

Hyphen des Hutes 2,5–5,5 μm breit, nicht aufgeblasen, dünn- bis ziemlich dickwandig, verzweigt, septiert, stellenweise mit Schnallen an den Querwänden der älteren Hyphen (gegen die Hutmitte). Basidien 27–36 ×4,5–6,5 μm, keulenförmig, basal ohne Schnalle, mit vier 3,6–4,5 μm langen Sterigmen. Sporen 5,4–6(–6,3) ×3,4–4,3 μm, von unregelmäßigem Umriß, warzig-höckerig (Höcker ziemlich zahlreich und grob, mehr oder weniger stark vorspringend, mit flachem oder niedergedrücktem Scheitel), bräunlich. (Beschreibung vorwiegend nach getrocknetem Material)

In Nadelwald (*Picea, Pinus*), seltener in Laubwald (*Fagus*), wohl in ganz Europa an geeigneten Stellen wachsend.

Wegen der großen Veränderlichkeit des Fruchtkörpers wurde diese Art vielfach mit anderen Arten verwechselt, vor allem mit *Hydnellum ferrugineum*. Im Längsschnitt zeigt sich der Unterschied sofort, die letztere Art hat kein blau-zoniertes Fleisch.

Die blauen Zonen im Fleisch haben Fries veranlasst, eine Verwandtschaft vorliegender Art mit *H. suaveolens* zu vermuten. Dem widerspricht aber die Tatsache, daß beide Arten eine grundverschiedene Sporenform aufweisen.

HYDNELLUM Sektion HYDNELLUM

Typus-Art: *Hydnellum suaveolens* (Scop. ex Fr.) P. Karst.

Fleisch (wenigstens jung) in der Stielbasis blau. Geruch durchdringend. Hyphen mit Schnallen. Sporen mit wenigen, breit gerundeten Ausbuchtungen.

Diese Sektion umfaßt in Europa nur eine Art, *H. suaveolens*.

HYDNELLUM SUAVEOLENS (Scop. ex Fr.) P. Karst.
Abb. 15, Taf. 15, Taf. 16 Abb. a

Hydnum suaveolens Scop., Fl. carniol. 2: 472. 1772; ex Fr., Syst. mycol. 1: 402. 1821. — *Hydnellum suaveolens* (Scop. ex Fr.) P. Karst. *in* Meddn Soc. Fauna Fl. fenn. 5: 41. 1879. — *Calodon suaveolens* (Scop. ex Fr.) P. Karst. *in* Revue mycol. 3/No. 9: 20. (1. Jan.) 1881 & *in* Meddn Soc. Fauna Fl. fenn. 6: 16. 1881. — *Phaeodon suaveolens* (Scop. ex Fr.) J. Schroet. *in* KryptogFl. Schles. 3 (1): 460. 1888. — Typus-Fundort: [Krain] „supra Prindl, circa Idriam" (Scopoli, l.c.).

Fruchtkörper einzeln stehend oder miteinander verwachsen. Hut bis 120 mm im Durchmesser, flach gewölbt bis flach, bald in der Mitte vertieft, meist auffällig radiär gerunzelt und konzentrisch flach grubig gezont, seltener ohne eines dieser beiden letztgenannten Merkmale (die gelegentlich auch beide gleichzeitig fehlen können), mitunter auch die ganze Oberfläche unregelmäßig höckerig-grubig, oder aber dicht mit schuppenartigen bis zungenförmigen Auswüchsen bewachsen; anfänglich ganzrandig, später mit ausgebreitetem, gelapptem, lange glatt bleibendem Rand; zunächst samtartig, später von der Mitte aus „matted", dann mit eingedrücktfaseriger bis faserig-schuppiger Oberfläche; im Anfang zart bläulich, bald weiß, dann über ockergelb und gelbbraun schließlich umbrabraun, öfters mit einem olivlichen Ton, zuletzt konzentrisch schwärzlich gefleckt oder gezont. Stiel 30–60 ×10–25 mm, voll, zylindrisch oder etwas spindelförmig, samtartig, später filzig oder die Oberfläche „matted", zart grauviolett bis kräftig blauviolett oder schwärzlich violett, stellenweise auch blaß olivgelb. Stacheln bis 4 mm lang, 0,1–0,2 mm dick, herablaufend, gedrängt stehend, pfriemlich, frei oder verwachsen, in den jüngsten Stadien zart blaugrau, bald weiß, zuletzt purpurbraun. Fleisch bis etwa 5 mm dick, im Hut weißlich, zart graublau oder zart blauviolett gezont, gegen den Stiel allmählich undeutlicher gezont, blauviolett, mit oder ohne weißliche Stellen; getrocknet mit einem viele Jahre anhaltenden, angenehmen Kumaringeruch (ähnlich riechend wie getrocknete *Anthoxanthum odoratum* oder *Asperula odorata*).

Hyphen des Hutes 2,5–6,3 μm breit, nicht aufgeblasen, dünn- bis dickwandig, verzweigt, septiert, mit Schnallen. Basidien 22,5–27 × 5,5–6,5 μm, keulenförmig, jung basal mit Schnalle, welche später oft nicht mehr nachweisbar ist, mit vier 3–4,5 μm langen Sterigmen. Sporen 4–5 ×3–3,6 μm, von unregelmäßigem Umriß, nicht eigentlich höckerig sondern mit wenigen, breiten Ausbuchtungen, bräunlich. (Beschreibung vorwiegend nach getrocknetem Material)

In Nadelwald (meist *Picea*), seltener in Mischwald; in weiten Teilen Europas, aber nicht bekannt aus dem nordwesteuropäischen Flachland.

Es ist geradezu erstaunlich, daß in der älteren europäischen Literatur fast keine guten Abbildungen einer so ausgezeichnet charakterisierten Art wie *H. suaveolens* bestehen. Eine erfreuliche Ausnahme ist bei HARZER (1842: Abb. 52) zu finden. Die Darstellung bei KONRAD & MAUBLANC (1926: Abb. 472) ist stark schematisiert, insofern atypisch, als es die Hüte betrifft, und zum Teil auch deshalb falsch, weil es bei dieser Art keine Fruchtkörper mit rotbraunem Stiel gibt. Bei BRESADOLA (1932: Abb. 1050) ist die Stielfarbe viel zu blaß wiedergegeben.

Bei der neueren Literatur muß mit Bedauern festgestellt werden, daß z.B. ROMAGNESI (1967: Abb. 296b) eine unverkennbar als *H. suaveolens* anzusehende Darstellung mit dem Namen *Calodon caeruleus* („caeruleum") belegte. Solch ein Fehler scheint doch wirklich schwer auszurotten zu sein.

HYDNELLUM Sektion **Palliditextum** Maas G., sect. nov.[2]

Typus-Art: *Hydnellum compactum* (Pers. ex Fr.) P. Karst.

Hutfleisch (wenigstens im Anfang) blaß bis blaß gelbbraun. Geschmack scharf. Hyphen ohne Schnallen.

---

[2] Für die lateinische Beschreibung, siehe S. 93.

Die zwei europäischen Arten dieser Sektion sind *H. compactum* und *H. mirabile*. Vielleicht ist auch *Hydnum montellicum* Sacc., über die ich früher (MAAS GEESTERANUS, 1960: 369) berichtet habe, hierhin zu stellen, aber das dürftige Typus-Material läßt keinen sicheren Schluß zu.

SCHLÜSSEL ZU DEN ARTEN

1. Fleisch fest und schwer, wenig oder nicht duplex im Hut. Sporenhöcker zahlreich (Abb. 16). Unter Eichen, Buchen oder Edelkastanien wachsend:
. . . . *H. compactum*, 39
1. Fleisch locker-faserig, leicht, deutlich duplex im Hut. Sporenhöcker wenig zahlreich (Abb. 17). Unter Kiefern oder Fichten wachsend: *H. mirabile*, 40

HYDNELLUM COMPACTUM (Pers. ex Fr.) P. Karst.
Abb. 16, Taf. 16 Abb. b, c, Taf. 17 Abb. a

Hydnum compactum Pers., Comment. Schaeff.: 57. 1800; ex Fr., Syst. mycol. 1: 402. 1821 (falsch angewandt in Nachfolge von Swartz *in* Svensk VetAkad. nya Handl. 31: 245. 1810). — *Hydnellum compactum* (Pers. ex Fr.) P. Karst. *in* Meddn Soc. Fauna Fl. fenn. 5: 41. 1879; Nikol. *in* Trudy bot. Inst. Akad. Nauk SSSR (Spor. Rast.) 9: 471. 1954 (Neukombination bei Karsten). — *Calodon compactus* (Pers. ex Fr.) P. Karst. *in* Bidr. Känn. Finl. Nat. Folk 37: 107. 1882 (falsch angewandt). — *Phaeodon compactus* (Pers. ex Fr.) J. Schroet. *in* KryptogFl. Schles. 3 (1): 459. 1888. — Lectotypus: *Hydnum compactum* P. (L 910.262–28), siehe MAAS GEESTERANUS (1957: 56).

Fruchtkörper einzeln stehend oder miteinander verwachsen, unter Umständen komplizierte Gruppen bildend mit verzweigten Stielen und mehreren Hüten. Hut bis 75 mm im Durchmesser, flach gewölbt, später abgeflacht bis ein wenig vertieft, wellig verbogen und mit aufgerichteten Rändern im Alter, anfangs samtartig bis etwas wollig (in diesem Zustand frisch einmal mit großen, rotbraunen Tropfen beobachtet), allmählich flach grubig bis netzig grubig werdend (entweder nur an wenigen Stellen, oder über die ganze Oberfläche), später zunehmend rauhhaarig und bisweilen stark netzig-zottig, ohne konzentrische oder radiäre Markierung, nicht selten zum Teil mit einem hydnoiden oder poroiden, fertilen Hymenium überdeckt; zuerst weiß, bald von der Mitte aus gelblich oder schmutzig ockergelb, oft etwas olivenfarbig, zuletzt gelbbraun bis dunkelbraun. Stiel 15–70 ×10–30 mm, zuweilen kaum entwickelt, einfach oder verwachsen, öfters nach oben verzweigt, voll, zylindrisch oder nach unten verjüngt, samtartig bis filzig oder fast kahl werdend, in allen Stadien dem Hut gleichfarbig oder ein wenig dunkler. Stacheln bis 4 mm lang, 0,1–0,4 mm dick, herablaufend, gedrängt stehend, pfriemlich, frei oder verwachsen, nicht selten teilweise lamellenartig oder röhrenförmig umgebildet, zuerst weißlich, später purpurbraun. Fleisch bis 20 mm dick gegen die Mitte des Hutes, duplex oder nicht, der weiche obere Teil des Hutes meist bedeutend viel dünner als der untere feste Teil, der letztere bleich bis blaß gelblich-sepiabräunlich, mit zunehmendem Alter und unten im Stiel tiefer gelbbraun oder etwas olivenfarbig. Geruch nach Mehl oder Gurken. Geschmack sofort scharf, dann bitter, unangenehm kratzend im Hals.

Hyphen des Hutes 2,5–13,5 μm breit, stellenweise stark aufgeblasen, dünn- bis etwas dickwandig, verzweigt, septiert, ohne Schnallen. Basidien 36–40 ×7–9 μm, keulenförmig, basal ohne Schnalle, mit vier 3,6–5,4 μm langen Sterigmen. Sporen 5,4–6,3 ×3,6–4,5 μm (nicht ganz reif), von unregelmäßigem Umriß, höckerig (Höcker zahlreich, vorspringend, schon bald mit niedergedrücktem Scheitel), bräunlich. (Beschreibung hauptsächlich nach getrocknetem Material)

Unter Fagaceen (*Castanea*, *Fagus*, *Quercus*). Bisher wurde Material aus Norwegen, Holland, Frankreich, Österreich und Jugoslawien untersucht.

Der Unterschied zwischen *Hydnellum compactum* und *H. mirabile* ist nicht immer leicht festzustellen. Die Geschmacksprobe bringt bisweilen keine Klarheit, und auch die Filzschicht ist bei *H. mirabile* nicht immer viel dicker als das feste Hutfleisch. Zur Kontrolle hätte ich gerne noch weitere Proben untersucht, wenngleich mir vorläufig noch keine Ausnahmen zu den im Schlüssel genannten Merkmalen bekannt geworden sind.

Ich verkehrte lange Zeit in der Meinung, daß *Hydnum acre* Quél. als Synonym zu *H. compactum* gestellt werden müßte. Wie vor kurzem an anderer Stelle erörtert (MAAS GEESTERANUS, 1974b: 217), gehört dagegen *H. acre* als Synonym zu *H. mirabile*.

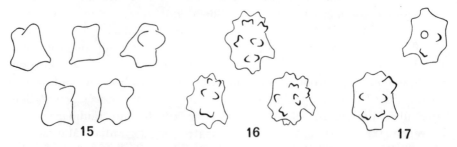

Abb. 15. *Hydnellum suaveolens* (5 Sporen), Schweiz: Obwalden, Arben bei Sarnen, 31. Aug. 1970, R. A. Maas Geesteranus 15348 (L).

Abb. 16. *Hydnellum compactum* (3 Sporen), Niederlande: Gelderland, Gorssel, 8. Okt. 1966, J. Baas (L).

Abb. 17. *Hydnellum mirabile* (2 Sporen), Schweiz: Uri, Amsteg, 7. Sept. 1970, R. A. Maas Geesteranus 15384 (L).

Sporen, ×2800.

HYDNELLUM MIRABILE (Fr.) P. Karst.
Abb. 17, Taf. 17 Abb. b, Taf. 18 Abb. a

Hydnum mirabile Fr., Monogr. Hym. Suec. 2: 349. 1863. — *Hydnellum mirabile* (Fr.) P. Karst. *in* Meddn Soc. Fauna Fl. fenn. 5: 41. 1879; Wehm., Fungi

New Brunsw., Nova Scotia and Pr. Edw. Isl.: 68. 1950 (Neukombination bei
Karsten, 1879); Nikol. *in* Trudy bot. Inst. Akad. Nauk SSSR (Spor. Rast.) **9**:
481. 1954 (Neukombination bei Karsten, 1879); Snell & Dick *in* Lloydia **21**: 37.
1958 (Neukombination bei Karsten, 1879). — *Calodon mirabilis* (Fr.) P. Karst.
in Bidr. Känn. Finl. Nat. Folk **37**: 107. 1882; Snell apud Snell & Jackson *in*
Lloydia **17**: 254. 1954 (Neukombination bei Karsten, 1882). — *Phaeodon mirabilis*
(Fr.) P. Henn. *in* Nat. PflFam. 1 (1* *): 149. 1898. — Typus-Fundort: Schweden,
„In pinetis locis sabulosis Ostrogothiae detexit von Post." (Fries, l.c.).

[*Hydnum scabrosum* Fr.?, Quél. *in* Bull. Soc. bot. Fr. **23**: 352–LXVIII. „1876"
(1877)] *Hydnum acre* Quél. *in* Bull. Soc. bot. Fr. **24**: 324–XXXII, Taf. 6 Fig. 1.
„1877" [1878]. — *Sarcodon acer* (Quél.) Quél., Ench. Fung.: 188. 1886 („*acre*").
— *Phaeodon acer* (Quél.) P. Henn. *in* Nat. PflFam. 1 (1 **): 149. 1898 („*acris*"). —
Hydnellum acre (Quél.) Donk *in* Meded. Ned. mycol. Ver. **22**: 54. 1933 (falsch
angewandt). — Typus-Fundort: Frankreich, Montmorency.

Fruchtkörper einzeln stehend bis zusammengewachsen. Hut bis etwa
90 mm im Durchmesser, flach gewölbt bis flach oder ein wenig vertieft,
wohl auch buckelig-uneben, anfangs samtartig oder etwas wollig, bald
rauhhaarig bis zottig, oder (seltener) grubig werdend, oder mit mehr
oder weniger flach anliegenden, verklebten Hyphen, die Oberfläche
dadurch wollig-„matted", aus der sich allmählich lange, gewundene, aus
verklebten Hyphen bestehende Haare entwickeln; zuerst blaß gelblich
(frisch schwefelgelb), später mehr ockergelb, und über olivbraun schließlich
dunkelbraun werdend. Stiel 10–30 × 5–20 mm, gelegentlich kaum
entwickelt, dadurch dem Fruchtkörper ein kreiselförmiges Aussehen
verleihend, voll, zylindrisch oder nach unten verjüngt, samtig-filzig, im
Anfang weißlich, bald olivbraun. Stacheln bis 5 mm lang, 0,1–0,3 mm
dick, herablaufend, gedrängt stehend, pfriemlich, frei oder verwachsen,
erst gelblich, später purpurbraun. Fleisch bis 15 mm dick gegen die Mitte
des Hutes, duplex, der weichfilzige obere Teil meist viel dicker und meist
dunkler als der bleiche bis blaß bräunliche untere Teil. Geruch nach
Mehl. Über den Geschmack gibt es keine eigene Angaben.

Hyphen des Hutes 2,7–11 μm breit, stellenweise stark aufgeblasen,
dünn- bis etwas dickwandig (speziell im Bereich des Filzes), verzweigt,
septiert, ohne Schnallen. Basidien 28–33 × 5,5–6,5 μm (nicht ganz
reif), keulenförmig, basal ohne Schnalle, mit vier 3,5–4,5 μm langen
Sterigmen. Sporen 5,6–5,8 × 4,5 μm (nicht ganz reife oder verunstaltete
Sporen gesehen), von unregelmäßigem Umriß, höckerig (Höcker nicht
zahlreich, vorspringend, mit gerundetem bis flachem Scheitel), bräunlich.
(Beschreibung hauptsächlich nach getrocknetem Material)

Ausschließlich in Nadelwäldern (*Picea, Pinus*). Proben aus den folgenden
Ländern wurden von mir untersucht: Norwegen, Schweden, die Schweiz,
Österreich und Italien. Auf Grund der Beschreibung Quélets von
Hydnum acre, ist die Art auch aus Frankreich bekannt. Meine eigene Angabe
über den Neufund von *H. mirabile* aus Holland (MAAS GEESTERANUS,
1972: 144) ist falsch; das Material gehört zu *H. compactum*.

HYDNELLUM Sektion VELUTINA Pouz.

Hydnellum Untergattung *Phaeohydnellum* Pouz. Sektion *Velutina* Pouz. *in* Česká Mykol. 10: 76. 1956. — Typus-Art: *Hydnellum velutinum* (Fr.) P. Karst.

Fleisch, wenigstens im Stiel, braun oder rotbraun bis purpurbraun; ein Dünnschnitt in einem KOH-Tropfen färbt sich sofort dunkelviolett, dann olivgrün. Geruch nach Mehl. Hyphen ohne Schnallen.

In Europa ist diese Sektion durch folgende Arten vertreten: *H. coalitum*, *H. concrescens*, *H. cumulatum*, *H. ferrugineum*, *H. gracilipes*, *H. scrobiculatum*, *H. spongiosipes* und *H. tardum*.

SCHLÜSSEL ZU DEN ARTEN

1. Hutoberfläche mit ausgesprochener, radiärer Markierung (vorspringende Fasern, Schuppen, Runzeln, Falten, Leisten, Fortsätze, nicht Rillen).
  2. Sporen höckerig; Höcker grob, mit niedergedrücktem Scheitel.
    3. Hutfilz jung und frisch weiß; Hut später meist mit konzentrischen Farbzonen; Stacheln jung und frisch rosabraun: . . *H. concrescens*, 43
    3. Hutfilz jung und frisch zart rosabraun oder weinfarbig braun; Hut ohne konzentrische Farbzonen; Stacheln jung und frisch blaß purpurn oder violettlich: . . . . *H. tardum*, 54
  2. Sporen mit spitzen Stacheln oder runden Warzen.
    4. Sporen mit spitzen Stacheln, 4,3–5,6 μm lang: . . *H. cumulatum*, 44
    4. Sporen mit runden Warzen, 5,6–7 μm lang: . . *H. scrobiculatum*, 49
1. Hutoberfläche ohne radiäre Markierung (jedoch gelegentlich bei gelappten Hüten mit radiären Rillen).
  5. Sporen länger als 5 μm.
    6. Hut (weiße Jugendstadien ausgenommen) rosabräunlich bis rotbraun; bei Druck dunkel rotbraun verfärbend.
      7. Unter Koniferen. Sporenhöcker mit mäßig eingedrücktem Scheitel: . . . . *H. ferrugineum*, 47
      7. Unter Laubbäumen. Sporenhöcker mit stark eingedrücktem, sogar zweiteiligem Scheitel oder Sporen fast stachelig: . . . . *H. spongiosipes*, 52
    6. Hut gelblich-bräunlich grau, isabellfarben; bei Druck nicht rotbraun: . . . . *H. coalitum*, 42
  5. Sporen unter 5 μm lang. Fruchtkörper ganz weich: *H. gracilipes*, 48

Hydnellum coalitum Maas G., *spec. nov.*[3]
Abb. 18, Taf. 18 Abb. b

Holotypus: „France, Jura, entre Billiat et Lhopital sur la [route] N 491. Sous *Pinus silvestris* sur calcaire vers 500 m d'altitude. 28 octobre 1969. V. Demoulin" (LG 106; zum Teil in L).

Fruchtkörper miteinander verwachsen. Hut bis 40 mm im Durchmesser, im Anfang flach gewölbt, später etwas eingedrückt, zuerst glatt und dicht samtartig, später mit flachen Wülsten und fein-grubig, ohne konzentrische oder radiäre Markierung, schließlich in der Mitte ganz rauh und zuweilen

---

[3] Für die lateinische Beschreibung, siehe S. 95.

mit Höhlungen; anfänglich gelblich-bräunlich grau, später isabellfarben bis etwa umbrabraun, im Zentrum zuletzt rußbraun bis schwarzbraun. Stiel 18–30 × 6–10 mm, voll, zylindrisch bis unten etwas verdickt, mit dichtem und weichem Samt bedeckt, meist stark verunreinigt, blaß terrakottafarben. Stacheln bis 3 mm lang, 0,1–0,2 mm dick, herablaufend, gedrängt stehend, frei, pfriemlich, zuletzt purpurbraun. Fleisch bis 10 mm dick gegen die Mitte des Hutes, undeutlich duplex im Hut, auffällig duplex im Stiel, blaß purpurbraun.

Hyphen des Hutes 2,7–6,5 µm breit, nicht aufgeblasen, dünn- bis etwas dickwandig, verzweigt, septiert, ohne Schnallen. Basidien 22–25 × 6,5–7 µm (nicht reif), keulenförmig, basal ohne Schnalle. Sporen 5,4–6,3 × 3,8–4,5 µm, von unregelmäßigem Umriß, höckerig (Höcker ziemlich zahlreich, vorspringend, ziemlich grob, mit mehr oder weniger flachem Scheitel), bräunlich. (Beschreibung nach getrocknetem Material)

Die Art ist bislang von einem einzigen Fundort im französischen Jura bekannt; sie wurde unter Kiefern gefunden.

HYDNELLUM CONCRESCENS (Pers. ex Schw.) Banker
Abb. 19, 20, Taf. 18 Abb. c, Taf. 19

Hydnum concrescens Pers., Obs. mycol. 1: 74. 1796; ex Schw. *in* Schr. naturf. Ges. Leipzig 1: 103. 1822. — *Hydnellum concrescens* (Pers. ex Schw.) Banker *in* Mem. Torrey bot. Club 12: 157. 1906. — Neotypus: Mougeot & Nestler, Stirp. cryptog. Vogeso-rhen. 296 (W, Fragment in L), siehe Maas Geesteranus (1974a: 241–243).
[*Hydnum cyathiforme* b. Fr., Syst. mycol. 1: 405. 1821. —] *Hydnum zonatum* Fr., Epicr. Syst. mycol.: 509. 1838. — *Hydnellum zonatum* (Fr.) P. Karst. *in* Meddn Soc. Fauna Fl. fenn. 5: 41. 1879. — *Calodon zonatus* (Fr.) P. Karst. *in* Bidr. Känn. Finl. Nat. Folk 37: 108. 1882. — *Phaeodon zonatus* (Fr.) J. Schroet. *in* KryptogFl. Schles. 3 (1): 458. 1888. — *Hydnellum velutinum* var. *zonatum* (Fr.) Maas G. *in* Fungus 27: 64. 1957. — *Hydnum scrobiculatum* * *zonatum* (Fr.) Lundell apud Lundell & Nannf., Fungi exs. suec. praes. upsal., Fasc. 53–54: 17. 1959. — *Hydnellum scrobiculatum* var. *zonatum* (Fr.) K. Harrison, Stip. Hydn. Nova Scotia: 43. 1961. — Typus: vertreten durch Batsch, El. Fung. Cont. 2: Taf. 40 Fig. 224. 1789.
Hydnellum subsuccosum K. Harrison *in* Can. J. Bot. 42: 1228. 1964. — Holotypus: Smith 17742 (MICH).
Weitere Synonymie wird hier nicht aufgeführt.

Fruchtkörper seltener einzeln stehend, meist mehr oder weniger miteinander verwachsen und nicht selten komplizierte, bis 150 mm breite Gruppen bildend. Hut bis etwa 70 mm im Durchmesser, von Anfang an vertieft (selten flach oder sogar flach gewölbt), meist mit vielen konzentrischen Farbzonen und dazu mit einigen konzentrischen, flachen Gruben, gelegentlich mit bloß 1 oder 2 Farbzonen oder gar ohne solche, seltener teilweise glatt, meist mit radiären Runzeln, Falten oder Leisten, oder aber die Oberfläche größtenteils mit schuppenartigen Vorsprüngen, gröberen Fortsätzen oder sekundären Hütchen besetzt, mit geradem bis stark nach unten eingekrümmtem Rand; anfänglich samtartig, später eine feinfaserige Oberfläche bildend, ohne oder meist mit anliegenden bis etwas aufgerichteten, dunkler gefärbten Fasern oder spitzen Faserschuppen, seidig glänzend oder auch matt; jung und frisch weiß, dann schmutzig rosa, weinfarben bräunlich, rehbraun, rostbraun, dunkel umbrabraun, trocken mit vereinzelten graublauen oder schwärzlichen Flecken, oder mit derartig gefärbten konzentrischen Zonen, oder ganze Partien (zumal die Mitte des Hutes) blaugrau gefärbt, Druckstellen geschwärzt (obgleich meist wenig augenfällig), in den älteren Teilen mehr oder weniger dicht mit punktförmigen, gelblichen Exkretionshäufchen übersät. Stiel 5–55 × 2–10 mm, einfach bis verwachsen, voll, zylindrisch bis spindelförmig oder am Grund knollig verdickt, samtartig, später die Oberfläche „matted", dem Hut gleichfarbig oder heller, druckempfindlicher als der Hut, daher bald fleckig, an der Basis mit bräunlichem oder schwärzlichem Myzel. Stacheln bis etwa 3 mm lang, 0,1–0,2 mm dick, herablaufend, gedrängt stehend, pfriemlich, frei oder verwachsen, zunächst weißlich, dann rosa-braun, zuletzt purpurbraun. Fleisch bis etwa 2 mm dick gegen die Mitte des Hutes, unten im Stiel duplex, trocken ziemlich blaß purpurbraun, verschwommen graublau-gemasert, mit länglichen weißlichen Fleckchen, im Schnitt mit Mehlgeruch.

Hyphen des Hutes 3–6,3 μm breit, nicht aufgeblasen, dünn- bis etwas dickwandig, verzweigt, septiert, ohne Schnallen. Basidien 27–30 × 5,5–6,5 μm, keulenförmig, basal ohne Schnalle, mit vier bis 5,5 μm langen Sterigmen. Sporen 5,4–6,1 ×(3,6–)4–4,5 μm, von unregelmäßigem Umriß, höckerig (Höcker ziemlich zahlreich, grob, vorspringend, mit wenig bis scharf vertieftem Scheitel), bräunlich. (Beschreibung hauptsächlich nach getrocknetem Material)

In Koniferen- und Laubwald. Material der vorliegenden Art ist mir aus fast allen europäischen Ländern bekannt.

Es ist kein Zufall, daß die Beschreibungen dieser Art und von *H. scrobiculatum* fast identisch sind. Wie unter der letzteren Art erörtert wird, gibt es vielleicht kein sicheres makroskopisches Merkmal zur Unterscheidung der beiden Arten. Allerdings ist dabei noch einiges unbeachtet geblieben. Möglicherweise hat *H. concrescens* etwas helleres Fleisch als *H. scrobiculatum* und vielleicht erreicht auch der Hut bei *H. concrescens* unter optimalen Bedingungen größere Dimensionen.

Das von Harrison als neue Art beschriebene *Hydnellum subsuccosum* erwies sich nach meiner Untersuchung als identisch mit *H. concrescens*. Die Übereinstimmung der Sporen läßt keinen Zweifel.

HYDNELLUM CUMULATUM K. Harrison
Abb. 21–23, Taf. 20 Abb. a

Hydnellum cumulatum K. Harrison *in* Can. J. Bot. 42: 1225, Taf. 5 Fig. 11. 1964. — Teil des Holotypus: DAOM 94215.

Fruchtkörper miteinander verwachsen und außerordentlich komplizierte Gruppen bildend mit mehr oder weniger konzentrisch-dachziegelig angeordneten Hüten. Hut 20–30 mm breit, flach bis niedergedrückt, anfänglich mit kleinen Unebenheiten, samtartig bis wollig, später in der Mitte mit kleinen, scharfrandigen Gruben und öfters auch rauhhaarig, gegen den Hutrand übergehend in gedrängte, feine, scharfe Runzeln, seltener hie und da etwas „matted", bisweilen hinter dem Rand mit einer flachen, konzentrischen Grube; blaß purpurbraun, rehbraun oder umbrabraun, in der Mitte dunkler als am Rand, selten mit winzigen, gelblichen Exkretionshäufchen. Stiel 7–25 ×4–12 mm, voll, meist in den verschiedensten Weisen verwachsen, voll, zylindrisch, gewöhnlich unten knollig verdickt, samtartig, später „matted", dem Hut gleichfarbig. Stacheln bis 3,5 mm lang, 0,1–0,2 mm dick, herablaufend, gedrängt stehend, pfriemlich, zuletzt purpurbraun. Fleisch bis 10 mm dick gegen die Mitte des Hutes, im Stiel deutlicher duplex als im Hut, braun ohne jede Spur von purpurn, ausgenommen am Stielgrund.

Hyphen des Hutes 2,2–5,4 μm breit, nicht aufgeblasen, dünn- bis etwas dickwandig, verzweigt, septiert, ohne Schnallen. Basidien 24–29 ×5,5–6,5 μm, keulenförmig, basal ohne Schnalle, mit vier 3,6–4,5 μm langen Sterigmen. Sporen 4,3–5,6 ×3,6–4,3 μm (nicht ganz reif?), von unregelmäßigem Umriß, stachelig (Stacheln zahlreich, vorspringend, scharf), bräunlich. (Beschreibung nach getrocknetem Material)

NIEDERLANDE

Gelderland: Apeldoorn, 14. Aug. 1966, A. N. Koopmans, unter *Pinus* (L).

SCHWEIZ

Kanton Bern: Brienz, Obermatt, 29. Aug. 1973, E. Schild, zwischen Moosen und *Vaccinium* in Buchen-Fichten-Mischwald (L).

TSCHECHOSLOWAKEI

Süd-Böhmen: Šalmanovice, südlich Třeboň, 31. Aug. 1960, C. Bas 2058, in *Picea*-Wald (L).

Der Autor dieser Art verglich sie mit *Hydnellum diabolus*, während ich sie anfänglich für *H. scrobiculatum* hielt. Von beiden Arten unterscheidet sie sich sofort durch die kleinen, stacheligen Sporen. Die Tatsache, daß die Art erst bei der letzten Revision als neu für Europa erkannt wurde, läßt ihre Anwesenheit in mehreren europäischen Herbarien vermuten. Leider fehlt mir die Gelegenheit, diese Sammlungen zum zweiten Male durchzusehen.

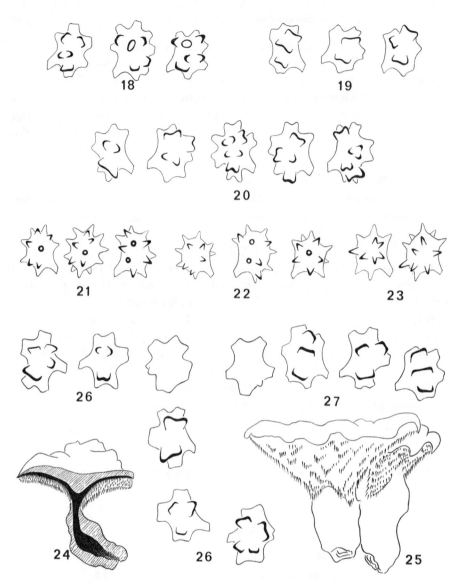

Abb. 18. *Hydnellum coalitum* (3 Sporen), Holotypus (LG 106).

Abb. 19, 20. *Hydnellum concrescens.* — 19 (3 Sporen), Neotypus (W). — 20 (5 Sporen), Niederlande: Gelderland, Wageningen, 26. Sept. 1961, R. A. Maas Geesteranus 13565 (L).

Abb. 21–23. *Hydnellum cumulatum.* — 21 (3 Sporen), Holotypus (DAOM 94215). — 22 (3 Sporen), Tschechoslowakei: Süd-Böhmen, Šalmanovice, 31. Aug. 1960, C. Bas 2058 (L). — 23 (2 Sporen), Niederlande: Gelderland, Apeldoorn, 14. Aug. 1966, A. N. Koopmans (L).

Abb. 24–26. *Hydnellum ferrugineum.* — 24 (Längsschnitt durch einen Fruchtkörper), Schweden: Södermanland, Hölö, Norrvrå, 25. Aug. 1948, Greta Berggren (UPS). — 25 (verwachsene Fruchtkörper), Schweden: Lena, NO von Storvreta, 31. Aug. 1968, Nils Lundqvist 6206 (UPS). — 26 (6 Sporen), Neotypus (UPS).

Abb. 27. *Hydnellum pineticola* (4 Sporen), Holotypus (MICH).

Fruchtkörper, ×½; Sporen, ×2800.

HYDNELLUM FERRUGINEUM (Fr. ex Fr.) P. Karst.
Abb. 24–27, Taf. 20 Abb. b–d, Taf. 21

Hydnum ferrugineum Fr., Obs. mycol. 1: 133. 1815; ex Fr., Syst. mycol. 1: 403.
1821. — *Hydnellum ferrugineum* (Fr. ex Fr.) P. Karst. *in* Meddn Soc. Fauna Fl.
fenn. 5: 41. 1879. — *Calodon ferrugineus* (Fr. ex Fr.) P. Karst. *in* Revue mycol.
3/No. 9: 20. (1. Jan.) 1881 & *in* Meddn Soc. Fauna Fl. fenn. 6: 16. 1881. —
Phaeodon ferrugineus (Fr. ex Fr.) J. Schroet. *in* KryptogFl. Schles. 3 (1): 459.
1888. — *Hydnum floriforme* var. *ferrugineum* (Fr. ex Fr.) Cost. & Dufour, Nouv.
Fl. Champ.: 161. 1891. — *Hydnum carbunculus* Secr., Mycogr. suisse 2: 515. 1833
(Namensänderung). — *Hydnellum sanguinarium* Banker *in* Mem. Torrey bot. Club
12: 152. 1906 (Namensänderung). — *Phellodon ferrugineus* (Fr. ex Fr.) R. Nav.
in Natuurwet. Tijdschr., Antw. 5: 68. 1923. — Neotypus: Schweden, Småland,
Femsjö Kirchspiel, „NO om Metesjön, nära gångstigan mot Stubbebo," 16. Sept. 1939,
S. Lundell, „I stenig barrskog bland mossa" (UPS).
Hydnellum pineticola K. Harrison *in* Can. J. Bot. 42: 1226. 1964. — Holotypus:
Sm 63973 (MICH).
Weitere Synonymie: MAAS GEESTERANUS (1957: 60).

Fruchtkörper einzeln stehend oder miteinander verwachsen, langgestielt
und schmächtig bis fast ungestielt und plump, mitunter dichte Gruppen
bildend. Hut bis 100 mm im Durchmesser, flach gewölbt, zuletzt in der
Mitte etwas vertieft, seltener glatt, meist uneben oder mit breiten, flachen
Buckeln oder höckerig, selten mit einer flachen konzentrischen Grube,
öfters dagegen mit einigen flachen radiären Rillen, dadurch mehr oder
weniger geteilt erscheinend oder tatsächlig gelappt, im Alter am Rande
radiär gerunzelt; anfangs samtartig, später rauhhaarig oder fein- bis
netziggrubig, vielfach auch die Oberfläche „matted"; frisch zuerst weiß,
weißlich rosa (in diesem Zustand unter Umständen mit blutroten Tropfen
versehen), dann fleischfarben, gelbbraun, rötlich braun bis zuletzt
dunkelbraun, bei Berührung dunkel rotbraun verfärbend (die meisten
Farben bleiben nach guter Trocknung erhalten). Stiel 5–60 ×7–30 mm,
einfach oder verwachsen, voll, zylindrisch bis spindelförmig, seltener
allmählig nach unten verjüngt, am Grunde kurz wurzelnd oder direkt
einem fahl graugelben Myzel entspringend, anfangs samtartig, später die
Oberfläche „matted", eher als der Hut dunkler werdend, zuletzt diesem
gleichfarbig. Stacheln bis 6 mm lang, 0,1–0,3 mm dick, meist bis zur
Stielspitze herablaufend, gedrängt stehend, pfriemlich, frei oder verwachsen,
erst weißlich, zuletzt purpurbraun. Fleisch gegen die Hutmitte bis etwa
15 mm dick, im Hut wie im Stiel duplex, frisch in jüngeren Exemplaren
im ganzen Hut oder in älteren wenigstens gegen den Hutrand schmutzig
rosa (getrocknet blaß bräunlich), im Stiel purpurbraun, mit länglichen
weißlichen Fleckchen, im Schnitt mit Mehlgeruch.
Hyphen des Hutes 2,5–5 μm breit, nicht aufgeblasen, dünn- bis etwas
dickwandig, verzweigt, septiert, ohne Schnallen. Basidien 25–30 ×6–7 μm,
keulenförmig, basal ohne Schnalle, mit vier bis 4,5 μm langen Sterigmen.
Sporen (5,4–)5,8–6,3 ×3,6–4,5 μm, von unregelmäßigem Umriß, höckerig
(Höcker nicht zahlreich, grob, vorspringend, mit flachem bis nieder-

gedrücktem Scheitel), bräunlich. (Beschreibung hauptsächlich nach getrocknetem Material)

In Koniferenwäldern (*Pinus, Picea,* ob auch *Abies?*), seltener in Mischwald. Sichere Funde sind mir aus den meisten Teilen Europas (und sogar Tanger, Nordafrika) bekannt. Die Art fehlt aber bestimmt in den Niederlanden, während das möglicherweise auch für eine schmale Zone längs der Küste in südlichen Teilen Großbritanniens, in Westbelgien, Nordwestfrankreich und Nordwestdeutschland zutreffen dürfte.

Seit jeher ist *H. ferrugineum* die Art, die am meisten Verwirrung verursachte. Wiederholt wurden *H. aurantiacum, H. caeruleum, H. concrescens, H. peckii, H. scrobiculatum* und *H. spongiosipes* für *H. ferrugineum* gehalten. Völlige Klarheit über die Art gewann ich erst, nachdem der Neotypus aufgestellt und damit Zweifel über die Sporenform behoben wurden. Die Entwirrung von *H. ferrugineum* und *H. spongiosipes* ermöglicht erst jetzt, die Frage nach der Verbreitung der beiden sich so stark ähnelnden Arten in Angriff zu nehmen, wobei interessante Tatsachen zu erwarten sind. Diese Untersuchung möchte ich jedoch jedem interessierten Mykologe für sein eigenes Land überlassen.

Aus meiner Untersuchung ergab sich, daß Harrisons als neue Art beschriebenes *Hydnellum pineticola* (Sporen in Abb. 27) mit *H. ferrugineum* identisch ist.

HYDNELLUM GRACILIPES (P. Karst.) P. Karst.
Abb. 28, 29, Taf. 22 Abb. a

Hydnum gracilipes P. Karst., Fungi fenn. exs. 521. 1866; *in* Not. Sällsk. Fauna Fl. fenn. Förh. 9: 362. 1868. — *Hydnellum gracilipes* (P. Karst.) P. Karst. *in* Meddn Soc. Fauna Fl. fenn. 5: 41. 1879. — *Calodon gracilipes* (P. Karst.) P. Karst. *in* Revue mycol. 3/No. 9: 20. (1. Jan.) 1881 & *in* Meddn Soc. Fauna Fl. fenn. 6: 16. 1881. — Holotypus (oder Teil der „type distribution"?): „*Calodon gracilipes* Karst." und, weiter unten auf dem gleichen Päckchen, das Originaletiket: „*Hydnum* n. sp. / Pileo pallido lutescente ferrugineo (gilvo?) tomentoso, aculeis primo albis mox fuscoferrugineis; stipes exc. fragilis / Mustiala in pineto sub muscis cum *Hydno melaleuco* / P. A. Karsten 20 Aug. 1866" (H).

Fruchtkörper einzeln stehend oder miteinander verwachsen, das Gesamtgebilde bis 55 × 35 mm groß werdend. Hut bis etwa 30 mm im Durchmesser, flach, über dem Stiel ein wenig vertieft, samtig-filzig, später die Oberfläche „matted", glatt, ohne jegliche konzentrische oder radiäre Markierung, gelegentlich mit Exkretionshäufchen, ziemlich blaß purpurbraun (zwischen Ridgways Fawn Color und Vinaceous Fawn), etwas mehr ockergelblich in der Mitte, an verletzten Stellen dunkel. Stiel 10–15 × 2–4 mm (nach Karsten bis 30 mm lang), voll, schlank, nach unten verjüngt, samtig-filzig, später „matted" bis kahl werdend, dem Hut gleichfarbig oder unten etwas dunkler, an der Basis zugespitzt, etwas wurzelnd und weißlich. Stacheln bis 2,5 mm lang, herablaufend, gedrängt stehend, pfriemlich, frei, zuletzt ziemlich blaß purpurbraun. Fleisch bis 1,5 mm dick, wenig ausgeprägt duplex, weich im Hut, etwas fester im Stiel, purpurbraun.

Hyphen des Hutes 2,7–5,4 μm breit, nicht aufgeblasen, dünnwandig, verzweigt, septiert, ohne Schnallen. Basidien ca. 25–27 ×5,5 μm (meist nicht reif), keulenförmig, basal ohne Schnalle, mit vier ca. 3,6 μm langen Sterigmen. Sporen 4,3–4,6 ×2,7–3,6 μm, von unregelmäßigem Umriß, höckerig (Höcker zahlreich, vorspringend, warzenförmig und mit rundem Scheitel, oder mehr leistenförmig und mit flachem bis niedergedrücktem Scheitel), bräunlich. (Beschreibung nach getrocknetem Material)

Eine Art der Nadelwälder, welche bisher nur aus Schweden und Finnland bekannt ist.

SCHWEDEN

Södermanland: Nacka Kirchspiel, südlich vom Saltsjö-Duvnäs Bahnhof, 5. Aug. 1948, G. Haglund & R. Rydberg, zwischen Moos unter einem gestürzten Kieferstamm (UPS).

FINNLAND

Siehe den Typus.

Die Sporen von *H. gracilipes* ähneln ein wenig denjenigen von *H. scrobiculatum*, sind aber viel kleiner. Im übrigen besteht überhaupt nicht die Gefahr, daß die beiden Arten makroskopisch verwechselt werden.

HYDNELLUM SCROBICULATUM (Fr. ex Secr.) P. Karst.
Abb. 30, 31, Taf. 22 Abb. b–d

Hydnum scrobiculatum Fr., Obs. mycol. 1: 143. 1815; ex Secr., Mycogr. suisse 2: 522. 1833. — *Hydnellum scrobiculatum* (Fr. ex Secr.) P. Karst. *in* Meddn Soc. Fauna Fl. fenn. 5: 41. 1879. — *Calodon scrobiculatus* (Fr. ex Secr.) P. Karst. *in* Bidr. Känn. Finl. Nat. Folk 37: 108. 1882. — *Calodon zonatus* var. *scrobiculatus* (Fr. ex Secr.) Quél., Ench. Fung.: 190. 1886. — *Phaeodon scrobiculatus* (Fr. ex Secr.) P. Henn. *in* Nat. PflFam. 1 (1 **): 148. 1898. — *Hydnum ferrugineum* var. *scrobiculatum* (Fr. ex Secr.) Fåhr. & Stenl. *in* Svensk bot. Tidskr. 48: 786. 1954 (nicht gültig rekombiniert). — *Phaeodon zonatus* var. *scrobiculatus* (Fr. ex Secr.) Schatteburg, Höh. Pilze Unterweserraum.: 312. 1956 (nicht gültig rekombiniert). — *Hydnellum velutinum* var. *scrobiculatum* (Fr. ex Secr.) Maas G. *in* Fungus 27: 63. 1957. — Neotypus: Schweden, Småland, Femsjö Kirchspiel, „invid S. timmervägen mot Abborsjön, ca. 300 m NO. om landsvägen", 20. Sept. 1949, S. Lundell (n. 6173) & J. Stordal (UPS), siehe MAAS GEESTERANUS (1971: 103).
Weitere Synonymie wird hier nicht aufgeführt.

Fruchtkörper einzeln stehend oder mehr oder weniger stark miteinander verwachsen. Hut bis etwa 45 mm im Durchmesser, von Anfang an vertieft, ohne oder mit wenigen, schwach betonten, konzentrischen Farbzonen, im letzteren Fall auch konzentrisch flachgrubig, mit radiären Runzeln, Falten oder Leisten, oder aber die ganze Oberfläche radiär faserigschuppig, selten in der Mitte fast glatt, meist mit kräftigen Fortsätzen, mit geradem oder leicht nach unten eingekrümmtem Rand; anfangs samtartig, später eine feinfaserige Oberfläche bildend, gelegentlich auch mit anliegenden oder etwas aufgerichteten, dunkler gefärbten Fasern oder Faserschuppen, matt bis schwach glänzend; jung weißlich, dann rosabraun, zuletzt rehbraun bis stumpf rötlich braun, trocken gelegentlich mit einigen graublauen Stellen oder einer undeutlichen graublauen Zone, gegen die Mitte immer braun, Druckstellen geschwärzt, in den älteren Teilen gegen die Hutmitte mehr oder weniger dicht mit punktförmigen, gelblichen Exkretionshäufchen übersät. Stiel 10–20 × 2–10 mm, einfach bis verwachsen, voll, zylindrisch bis spindelförmig oder am Grund knollig verdickt, samtartig, später die Oberfläche „matted" oder gerunzelt, dem Hut gleichfarbig. Stacheln bis 4 mm lang, 0,1–0,2 mm dick, herablaufend, gedrängt stehend, pfriemlich, frei oder verwachsen, zuletzt purpurbraun. Fleisch bis etwa 5 mm dick gegen die Mitte des Hutes, meist nur 1–2 mm, stellenweise im Hut und unten im Stiel duplex, purpurbraun, verschwommen graublau-gemasert, mit länglichen weißlichen Fleckchen, im Schnitt mit Mehlgeruch.

Hyphen des Hutes 2,7–6,3 μm breit, nicht aufgeblasen, dünn- bis etwas dickwandig, verzweigt, septiert, ohne Schnallen. Basidien 30–32 × 6,5–8 μm, keulenförmig, basal ohne Schnalle, mit vier bis 6,3 μm langen Sterigmen. Sporen 5,6–7 × 4,5–4,9 μm, von unregelmäßigem Umriß, warzig (Warzen zahlreich, nicht ausgesprochen grob, vorspringend, mit gerundetem Scheitel), bräunlich. (Beschreibung nach getrocknetem Material)

In Koniferen- oder Mischwald. Sichere Funde sind bisher bekannt aus Schweden, Finnland, Dänemark, der Schweiz, Österreich und der Tschechoslowakei.

Bis vor kurzem wurden in Europa die beiden Arten *H. scrobiculatum* und *H. concrescens* (früher als *H. zonatum* bezeichnet) meist nach folgenden makroskopischen Merkmalen unterschieden: man sagte, daß in *H. scrobiculatum* der Hut ziemlich dickfleischig und starr sei, seine Oberfläche pubeszent und wenig oder nicht konzentrisch gezont; dagegen sei der Hut in *H. concrescens* dünnfleischig und biegsam, seine Oberfläche seidig, später verkahlend und stark konzentrisch gezont. Auch hat man versucht einen ökologischen Unterschied festzustellen, indem man glaubte gefunden zu haben, daß die erstere Art an Koniferen gebunden sei, die letztere an Laubholz. Nach Einsichtnahme des Bourdot'schen Herbars gewann ich früher selbst darüber hinaus die Überzeugung, daß die radiäre Hutmarkierung bei *H. scrobiculatum* sehr viel stärker entwickelt sei als bei *H. concrescens*. Ein kurzer Aufenthalt im Jahre 1958 in Frankreich schien diese Überzeugung voll zu bestätigen, erwies sich jedoch später

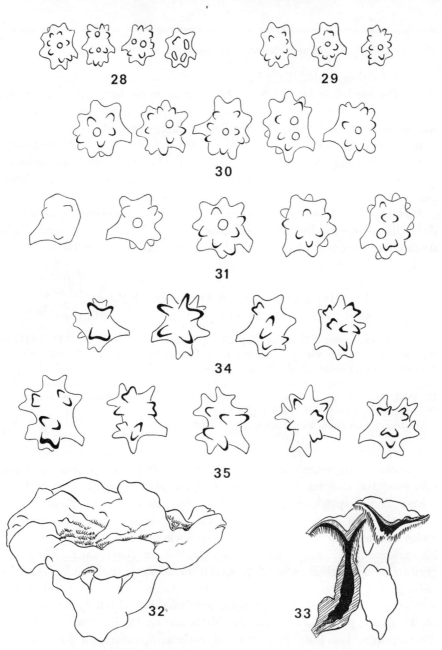

Abb. 28, 29. *Hydnellum gracilipes*. — 28 (4 Sporen), Fungi fennici exsiccati No. 251
(UPS). — 29 (3 Sporen), Schweden: Södermanland, Nacka, S von Saltsjö-
Duvnäs Bahnhof, 5. Aug. 1948, G. Haglund & R. Rydberg (UPS).

Abb. 30, 31. *Hydnellum scrobiculatum*. — 30 (5 Sporen), Neotypus (UPS). — 31
(5 Sporen), Schweiz: Uri, Amsteg, 7. Sept. 1970, Maas G. 15385 (L).

Abb. 32–35. *Hydnellum spongiosipes*. — 32 (verwachsene Fruchtkörper), Niederlande: Gelderland, Wageningen, 24. Aug. 1952, Maas G. 8980 (L). — 33 (ver.
wachsene Fruchtkörper, zum Teil im Längsschnitt), Niederlande: Overijssel,
Denekamp, 1. Okt. 1950, Maas G. 7505 (L). — 34 (4 Sporen), U.S.A.: Mich.
Oakland, La Badie Lake, 8. Aug. 1937, A. H. Smith 6891 (MICH; das Material
wurde von Dr. K. A. Harrison mit dem Typus verglichen). — 35 (5 Sporen),
Niederlande: N.-Brabant, Udenhout, 31. Aug. 1972, P. B. Jansen (L).

Fruchtkörper, ×½; Sporen, ×2800.

als völlig unbegründet. Es gibt (vielleicht) kein einziges Makromerkmal, das treffsicher beide Arten trennt. Erst nachdem für beide einen Neotypus aufgestellt und die mikroskopischen Merkmale herangezogen worden waren, wurde die Bedeutung der Sporen klar erkannt.

Am häufigsten gab es bei der vorliegenden Art natürlich Verwechslungen mit *H. concrescens*, aber erhebliche Unsicherheit bestand auch *H. ferrugineum* gegenüber. Auch mancher Fund von *H. peckii* wurde als *H. scrobiculatum* gedeutet.

Hydnellum scrobiculatum ist, im Gegensatz zu *H. concrescens*, eine seltene Art. Die erstere ist im ‚Rijksherbarium‘ durch insgesamt 8 europäische Aufsammlungen vertreten, während von der letzteren rund 150 anwesend sind.

HYDNELLUM SPONGIOSIPES (Peck) Pouz.
Abb. 32–35, Taf. 22 Abb. e, f,　Taf. 23 Abb. a–c

Hydnum spongiosipes Peck *in* Rep. N.Y. St. Mus. nat. Hist. **50**: 111. 1897. — *Hydnellum velutinum* var. *spongiosipes* (Peck) Maas G. *in* Fungus **27**: 62. 1957. — *Hydnellum spongiosipes* (Peck) Pouz. *in* Česká Mykol. **14**: 130. 1960. — Lectotypus: „*Hydnum spongiosipes* Peck, Round Lake, Saratoga County, August, Charles H. Peck" (NYS); Paratypus: „*Hydnum spongiosipes* Peck, Sandlake, Rensselaer County, July, Charles H. Peck" (NYS). Weitere Synonymie wird hier nicht aufgeführt.

Fruchtkörper variabel, einzeln stehend oder miteinander verwachsen, langgestielt und schmächtig oder fast ungestielt und plump, Gruppen von über 100 mm im Durchmesser bildend. Hut bis etwa 70 mm breit, zuerst flach, später mehr oder weniger gewölbt, schließlich wieder abgeflacht oder auch in der Mitte etwas vertieft, seltener teilweise glatt, meist uneben oder mit breiten, flachen Buckeln oder höckerig, mit einer bis mehreren, flachen, konzentrischen Gruben, im Alter am Rande radiär gerunzelt; anfänglich samtartig, später rauhhaarig und häufig fein- bis netziggrubig, seltener hie und da die Oberfläche „matted"; frisch zuerst gelblich-weißlich, blaß fleischfarben gelbbräunlich, blaß bräunlich rosa, blaß weinrot, purpurbraun, von der Mitte aus zimtfarbig werdend, zuletzt dunkelbraun, bei Berührung dunkel rotbraun verfärbend (die meisten Farben nach guter Trocknung wohl erhalten bleibend). Stiel 10–90 × 5–30 mm, einfach, geteilt oder verschiedenartig verwachsen, voll, seltener zylindrisch, meist spindelförmig oder unförmig angeschwollen, am Grunde wurzelnd, von einem weichen, dicken Filz bedeckt, anfangs samtartig, später rauhhaarig aber auch öfters „matted" eher als der Hut dunkler werdend, zuletzt gleichfarbig. Stacheln bis 6 mm lang, 0,1–0,3 mm dick, bis zur Stielspitze herablaufend, gedrängt stehend, pfriemlich, frei oder verwachsen, erst weißlich, zuletzt purpurbraun. Fleisch gegen die Hutmitte etwa 10 mm dick, duplex, der Hutoberfläche gleichfarbig oder die festeren Teile purpurbraun, im Stiel stark duplex, mit länglichen weißlichen Fleckchen, im Schnitt mit Mehlgeruch.

Hyphen des Hutes 2,7–5,5 μm breit, nicht aufgeblasen, dünn- bis etwas dickwandig, verzweigt, septiert, ohne Schnallen. Basidien 28–34 ×7–8 μm, keulenförmig, basal ohne Schnalle, mit vier 4,5–5,4 μm langen Sterigmen. Sporen (5,4–)6,3–7,2 ×4,4–5,4 μm, von unregelmäßigem Umriß, höckerig (Höcker ziemlich zahlreich, grob, vorspringend, mit niedergedrücktem Scheitel, zuletzt fast gegabelt erscheinend), bräunlich. (Beschreibung größtenteils nach getrocknetem Material)

Meistens in Eichenwäldern auf sandigem Boden, oder in Eichen-Birkenwald (*Quercus, Betula*), gelegentlich auch unter anderen Fagaceae wie *Castanea* und *Fagus*, seltener in Laub- und Nadelmischwald. Sichere Funde sind mir bekannt aus Großbritannien, den Niederlanden, Belgien, Frankreich, Bundesrepublik Deutschland, der Schweiz, Jugoslawien und Ungarn.

Zahlreiche Proben mußten erst gründlich studiert werden, bevor meine letzten Zweifel überwunden wurden und für mich sicher feststand, daß *H. spongiosipes* wirklich in Europa vorkommt. Ich habe schon darüber berichtet (MAAS GEESTERANUS, 1957: 65). Kurz gefasst kommt es darauf hinaus, daß *Hydnellum spongiosipes* lange Zeit, und nicht nur in Europa, mit *Hydnellum velutinum* identifiziert wurde, wobei man annahm, daß die Art sowohl in Laub- als in reinem Nadelwald vorkäme. Der schwedische Mykologe S. Lundell betonte jedoch, daß das ursprünglich von Fries beschriebene *H. velutinum* nichts anderes sei als *H. ferrugineum* mit außerordentlich dickem Stielfilz. Ich bin seit kurzem (MAAS GEESTERANUS, 1971: 97) völlig seiner Meinung. Ferner bezweifelte ich (MAAS GEESTERANUS, 1969: 218), daß die hier in Frage stehende Art wirklich als *H. spongiosipes* bezeichnet werden konnte. Nach erneutem Studium muß diese Frage jetzt durchaus bejaht werden.

Auch der Unterschied zwischen *H. spongiosipes* und *H. ferrugineum* war lange unklar — dies ist eng mit der vorangehenden Frage verknüpft — weil man glaubte, daß die in Laubwald und unter Koniferen gefundenen Exemplare in die gleiche Art (*H. velutinum*) zu stellen wären. Ich traue es mir auch jetzt noch nicht zu, die beiden Arten allein auf Grund makroskopischer Merkmale auseinanderzuhalten. *Hydnellum spongiosipes* ist aber eine Art der Laubwälder (in erster Linie mit *Quercus* verbunden), während *H. ferrugineum* eine Art der Nadelwälder ist (*Pinus, Picea*, ob auch *Abies?*). Weiter sind beide Arten durch die ganz unterschiedliche Gestaltung der Höcker an ihren (reifen) Sporen sofort und einwandfrei zu erkennen. Es wird aber ohne Zweifel vorkommen, daß zu junge Fruchtkörper in Mischwäldern gesammelt werden. Um auch diese Exemplare bestimmen zu können, ist ein weiteres Unterscheidungsmerkmal dringend erwünscht. Möglicherweise sind die stärker ausgeprägte wurzel-ähnliche Verlängerung am Stielgrund bei *H. spongiosipes* und die gelbliche Farbe des Myzels bei *H. ferrugineum* brauchbare Hilfsmittel?

Es besteht wohl kein Zweifel, daß Britzelmayr auch *H. spongiosipes* gekannt und nur mit einem eigenen Namen belegt hat. Früher war ich der Ansicht (Maas Geesteranus, 1960: 360), daß *Hydnum fuligineum* Britz. (*in* Ber. naturh. Ver. Augsburg **31**: 177. 1894) mit der damals *H. velutinum* var. *spongiosipes* genannten Varietät identisch sei. Das würde bedeuten, daß *H. fuligineum* die korrekte Bezeichnung für die behandelte Art ist, da dieser Name drei Jahre vor *H. spongiosipes* (im Artrang) publiziert wurde. Nach dem oben Besprochenen ist es aber keineswegs bewiesen, daß beide Arten identisch sind. Britzelmayr erwähnte zwar, daß *H. fuligineum* in Wäldern bei Teisendorf gefunden wurde, unterliess es aber, den Waldtypus anzugeben. Ferner ist zu bemerken, daß die Beschreibung „Stacheln... bis an den Grund des St[ieles] herablaufend" auf keinen Fall zu *H. spongiosipes* paßt. Übrigens auch nicht zu *H. ferrugineum*. Somit ist *H. fuligineum* besser als ein nicht zu deutender Name zu streichen.

Hydnellum tardum Maas G., *spec. nov.*[4]
Abb. 36, Taf. 23 Abb. d

Holotypus: „Fungi germanici, Baden-Württemberg, Kreis Calw, Schönbrunn, Waldteil Mähdich, 10. Sept. 1971, E. Dahlem & H. Neubert, in *Picea-Abies* forest" (L).

Fruchtkörper einzeln stehend oder miteinander verwachsen und komplizierte Gruppen bildend. Hut bis 45 mm im Durchmesser (nicht völlig ausgewachsen), schon im Anfang niedergedrückt, selten glatt, in der Mitte meist mit Fortsätzen, die sich mit der Zeit verlängern und mehr zackig werden, gegen den Hutrand radiär-runzelig, unauffällig konzentrisch gezont (trocken mit wenigen, konzentrischen, flachen Gruben), lange Zeit samtartig bleibend, frisch zuerst zart rosabraun oder weinfarbig braun, trocken zart bräunlich gelb bis isabellfarben, die Mitte sowie die radiären Runzeln rehbraun bis rostbraun, mit der Zeit und bei Druck oder Verletzung nachdunkelnd bis tief umbrabraun, trocken in den älteren Partien mehr oder weniger dicht mit punktförmigen, gelblichen Exkretionshäufchen übersät. Stiel 15–30 ×7–10 mm, voll, zylindrisch bis spindelförmig, samtartig, später die Oberfläche „matted", der Mitte des Hutes gleichfarbig, nach unten öfters verjüngt und in einen ockergelben Myzelstrang übergehend. Stacheln bis 3 mm lang, 0,1–0,2 mm dick, herablaufend, gedrängt stehend, pfriemlich, frisch blaß purpurn oder violettlich, trocken blaß purpurbraun. Fleisch im Hut bis 5 mm dick, trocken purpurbraun, auffallend duplex im Stiel.

Hyphen des Hutes 2,7–6,3 μm breit, nicht aufgeblasen, dünn- bis etwas dickwandig, verzweigt, septiert, ohne Schnallen. Basidien 29–36 ×5,5–7 μm, keulenförmig, basal ohne Schnalle, mit vier 3,6–4,5 μm langen Sterigmen. Sporen 4,7–5,8 ×3,6–4,3 μm, von unregelmäßigem Umriß, höckerig (Höcker ziemlich zahlreich, vorspringend, grob, mit niedergedrücktem Scheitel), bräunlich. (Beschreibung nach frischem und getrocknetem Material)

---

[4] Für die lateinische Beschreibung, siehe S. 98.

BUNDESREPUBLIK DEUTSCHLAND

Baden-Württemberg: Tuttlingen, Witthohwald, Sept. 1969, H. Benk, *Picea*-Wald (L).

Der oben erwähnte zweite Fund wurde erst später als dieser Art zugehörig erkannt. Das Material besteht aus drei oder vier völlig miteinander verwachsenen Fruchtkörpern, welche erheblich älter sind als die Typusexemplare. Dies ermöglicht folgende Ergänzung der Beschreibung: Hut im Alter fast einfarbig braun. Etwaige Farbzonen werden hervorgerufen durch die unterschiedlichen Lichtreflexe auf der Oberfläche; diese verschwinden beim Wenden des Hutes.

HYDNELLUM Sektion **Viriditextum** Maas G., *sect. nov.*[5]

Typus-Art: *Hydnellum geogenium* (Fr.) Banker.

Hutfleisch zuletzt grün. Geschmack nach Mehl oder fehlend. Hyphen mit Schnallen.

Hydnellum geogenium ist die einzige Art dieser Sektion in Europa.

HYDNELLUM GEOGENIUM (Fr.) Banker
Abb. 37, Taf. 24 Abb. a–c

Hydnum geogenium Fr. *in* Öfvers. VetAkad. Förh.: 131. 1852. — *Calodon geogenius* (Fr.) P. Karst. *in* Revue mycol. 3/No. 9: 20. 1881. — *Hydnum sulfureum* var. *geogenium* (Fr.) Cost. & Duf., Nouv. Fl. Champ.: 161. 1891. — *Hydnellum geogenium* (Fr.) Banker *in* Mycologia 5: 204. 1913. — Typus: vertreten durch Taf. 8 von Fries, Icon. sel. Hym. 1. 1867.
Weitere Synonymie: MAAS GEESTERANUS (1960: 378, 379).

Fruchtkörper selten einzeln stehend, meist mit von unten ab verzweigten Stielen und dachziegelig angeordneten und zusammengewachsenen Hüten, öfters zu größeren, bis 120 mm breiten Polstern vereinigt. Hut (im Jugendzustande ausnahmsweise schlank-keulig, und einer schwefelgelben *Clavaria*-Art täuschend ähnlich) bis ungefähr 25 mm breit, zentral gestielt und aufrecht, oder sich meist seitlich aus dem Stiel entwickelnd und mehr oder weniger flach liegend, in der Mitte vertieft bis tief trichterförmig (in den zentral gestielten Formen), oder an der Rückseite bis weit hinunter aufgespalten bis fächerförmig (in den seitlich gestielten Formen), meist zunehmend kompliziert durch die Entwicklung von radiären Runzeln, Leisten, Fortsätzen oder Hütchen; anfänglich samtartig, später mit filzartig verklebten Hyphen und dann eine radiär-faserige Oberfläche bildend, seltener „matted"; jung schwefelgelb, dann olivbraun bis dunkel

---

[5] Für die lateinische Beschreibung, siehe S. 100.

olivgrün, gegen den Rand mitunter mit wenigen konzentrischen helleren Zonen, die alten Druckstellen meist stark geschwärzt, der gelbe Rand unter Umständen weiß werdend. Stiel bis 20 mm lang und bis 6 mm dick, mitunter kaum entwickelt, selten einfach, meist verzweigt und zusammenfließend, voll, samtartig, später filzig oder die Oberfläche „matted", in allen Stadien dem Hut gleichfarbig, bei Druck geschwärzt und sich dann stark von chromgelben Myzelfilz abhebend. Stacheln bis 2,5 mm lang, 0,1–0,2 mm dick, herablaufend, gedrängt stehend, pfriemlich, frei oder verwachsen, erst schwefelgelb, später ziemlich blaß purpurbraun. Fleisch bis etwa 1 mm dick, chromgelb in den jüngsten Teilen, sich allmählich gelblich olivgrün oder stumpf graugrün verfärbend, in der Stielbasis lange chromgelb bleibend.

Hyphen des Hutes 2,7–6,3 μm breit, nicht aufgeblasen, dünn- bis etwas dickwandig, verzweigt, septiert, mit Schnallen nur in den älteren Teilen (gegen die Hutmitte) und nicht regelmäßig an allen Querwänden. Basidien 22–27 ×4,5–5,5 μm, keulenförmig, basal ohne Schnalle, mit vier 2,7–4,5 μm langen Sterigmen. Sporen 4,5–5,2 ×3,1–3,6 μm, von unregelmäßigem Umriß, höckerig (Höcker wenig vorspringend, mit flachem oder etwas niedergedrücktem Scheitel), bräunlich. (Beschreibung nach getrocknetem Material)

In Nadelwäldern. Die Art kommt in verschiedenen Ländern Europas vor, scheint dagegen im Flachland Nordwesteuropas unbekannt zu sein.

Die gelbe Farbe des Hutes rührt von der kristallinen Inkrustation der Hyphen her und hält sich auch im Herbar sehr gut, solange das Material dunkel aufbewahrt wird. Dem Sonnenlicht ausgesetzt entfärbt sich der Hut rasch zu weiß, während dagegen das chromgelbe Myzel sich nicht merkbar verändert. Auch in der Natur finden sich hin und wieder Exemplare, deren Hüte statt gelb schön weiß gerändert sind, aber mit unverändert gelbem Myzelfilz.

Sarcodon P. Karst.

Sarcodon P. Karst. *in* Revue mycol. 3/No. 9: 20. (1. Jan.) 1881 & *in* Meddn Soc. Fauna Fl. fenn. 6: 16. 1881. — Typus-Art: *Hydnum imbricatum* L. ex Fr.

Fruchtkörper aus Hut und Stiel bestehend. Hut anfangs samtartig bis filzig, später verkahlend und die Kutikula gefeldert zerreißend, oder der Hutfilz schuppig aufreißend, oder Schuppen schon im ersten Anfang anwesend; meist gelb oder braun in verschiedenen Farbtönen. Stiel voll, dünnfilzig, dem Hut gleichfarbig oder blasser, seltener anders gefärbt, bei bestimmten Arten an der Basis grünlich oder bläulich. Hymenophor stachelig. Stacheln bei Reife purpurbraun. Fleisch brüchig, weich bis fest (nie korkartig oder holzartig), nicht duplex, ungezont, entweder weißlich (auch gelblich oder schwach bräunlich, und mitunter rötlich überhaucht),

oder immer mit purpurroten und violetten Farbtönen, in der Stielbasis gleichfarbig oder graugrün, monomitisch (mit generativen Hyphen), getrocknet nie mit Maggigeruch. Hyphen aufgeblasen, meist dünnwandig, verzweigt, septiert, mit oder ohne Schnallen. Basidien keulenförmig, basal mit oder ohne Schnalle, 4-sporig. Sporen von unregelmäßigem Umriß, warzig bis höckerig, bräunlich. Sporenpulver braun. Zystiden fehlend.
Terrestrisch.

Wie die Gattung *Hydnellum*, besteht auch *Sarcodon* in Europa aus 16 Arten; zwei dieser (*S. atroviridis* und *S. underwoodii*) sind neu für das Gebiet, drei weitere (*S. cyrneus*, *S. lepidus* und *S. regalis*) sind neue Arten. Die Arten verteilen sich über 6 Sektionen, von denen eine neu beschrieben wird.

Rötliche oder violette Farben im Fleisch sind in dieser Gattung weit verbreitet; sie sind entweder ständig anwesend oder entwickeln sich erst, nachdem das Fleisch durchgeschnitten worden ist. Diese Farben schlagen sofort zu grün oder blaugrün um, wenn ein dünner Schnitt des Fleisches in einen Tropfen KOH getaucht wird. Es sollte jedoch betont werden, daß diese gleiche Reaktion nichts über einen eventuellen chemischen Zusammenhang der Farben besagt.

Schlüssel zu den Sektionen

1. Fruchtkörper beim Trocknen nicht olivgrün oder schwärzlich grün verfärbend (bei frischem Material allerdings ein unpraktisches Merkmal).
   2. Hyphen ohne Schnallen.
      3. Hutfleisch weißlich oder etwas bräunlich, mitunter rötlich oder weinrot überhaucht.
         4. Fleisch in der Stielbasis gleichfarbig oder bräunlich.
            5. Hutoberfläche lange Zeit fein samtartig bleibend: . . . . Sekt. *Velliceps*, 75
            5. Hutoberfläche bald gefeldert oder schuppig aufreißend: . . . . Sekt. *Squamiceps*, 69
         4. Fleisch in der Stielbasis bläulich oder grünlich: Sekt. *Scabrosi*, 63
      3. Fleisch in Hut und Stiel rosarot, lila oder violett: Sekt. *Violacei*, 76
   2. Hyphen mit Schnallen: . . . . Sekt. *Sarcodon*, 57
1. Fruchtkörper beim Trocknen sowohl außen wie innen olivgrün oder schwärzlich grün verfärbend: . . . . Sekt. *Virescentes*, 79

Sarcodon Sektion Sarcodon

Typus-Art: *Sarcodon imbricatus* (L. ex Fr.) P. Karst.

Hutfilz bis tief ins Fleisch einreißend und sich zu groben, aufgerichteten Schuppen entwickelnd, oder sich zusammenlegend und in eine dünne Haut übergehend, welche in Felderchen aufreißen kann und angedrückte Schüppchen bildet. Fleisch weiß oder blaß im Hut, bisweilen mit einem rötlichen oder weinroten Hauch, gleichfarbig oder etwas dunkler in der Stielbasis. Geruch frisch nicht mehlartig. Hyphen mit Schnallen.

Die drei europäischen Arten dieser Sektion sind *S. imbricatus, S. leucopus* und *S. versipellis.*

Schlüssel zu den Arten

1. Hut frisch nicht lebhaft orangebraun. Sporen grobhöckerig, Höcker eckig.
   2. Hut meist flach gewölbt, grob- oder feinschuppig bis gefeldert.
      3. Hut wenigstens in der Mitte grobschuppig; Schuppen mit aufgerichteten Spitzen; Geruch etwas würzig, nicht unangenehm, bisweilen fehlend: . . . . *S. imbricatus,*   58
      3. Hut gefeldert bis feinschuppig; Schuppen angedrückt oder nur wenig an den Spitzen aufgerichtet; Geruch meist unangenehm: *S. leucopus,*   60
   2. Hut trichterförmig oder in der Mitte bis ins Stielinnere durchlöchert, meist ganz ohne Schuppen: sehr alte Exemplare von *S. imbricatus,*   58
1. Hut frisch lebhaft orangebraun. Sporen mit wenig vorspringenden, breit gerundeten Höckern: . . . . *S. versipellis,*   61

Sarcodon imbricatus (L. ex Fr.) P. Karst.
Abb. 38, Taf. 24 Abb. d–f, Taf. 25, 26

Hydnum imbricatum L., Sp. Pl. 2: 1178. 1753; ex Fr., Syst. mycol. 1: 398. 1821. — *Sarcodon imbricatus* (L. ex Fr.) P. Karst. *in* Revue mycol. 3/No. 9: 20. (1. Jan.) 1881 & *in* Meddn Soc. Fauna Fl. fenn. 6: 16. 1881. — *Phaeodon imbricatus* (L. ex Fr.) J. Schroet. *in* KryptogFl. Schles. 3 (1): 460. 1888. — Typus-Fundort: Schweden, Uppsala.
Weitere Synonymie: Maas Geesteranus & Nannfeldt (1969: 412).

Fruchtkörper einzeln stehend oder, seltener, mit unten zusammengewachsenen Stielen. Hut bis etwa 200 mm im Durchmesser, kreisrund oder breitlappig, flach gewölbt, später in der Mitte niedergedrückt, zuletzt öfters stark trichterförmig und (zumal bei feuchtem Wetter) mit einem Loch, das bis tief ins Stielinnere hineinreicht; in den jüngsten Stadien frisch samtartig, bald darauf filzig, der Filz schon früh bis tief in das Fleisch einreißend, dadurch Schuppen bildend; Schuppen anfangs in der Hutmitte grob, aufrecht, abgestutzt pyramidenförmig, gegen den Rand allmählig kleiner, oft regelmäßig konzentrisch und dachziegelig angeordnet, flach, breit, anliegend und mit aufgerichteten Spitzen, bis schmal, faserig und angedrückt; von sehr verschiedener Farbe: blaß isabellfarbig, blaß fleischfarbig (anfänglich mit weißlichem Rand), rosa bräunlich, rötlich braun, graubraun, kupferrotbraun oder ganz dunkelbraun, nicht selten mit einem purpurnen Schimmer, wobei in den blasseren Formen die dunklen Schuppen sich am stärksten abheben; sehr alte Fruchtkörper bei feuchtem Wetter mit völlig schuppenlosem, stumpf graubraunem Hut. Stiel frisch 50–80 × 20–50 mm, voll, zylindrisch, etwas spindelförmig oder nach unten verdickt, zuerst fein samtartig, später „matted", verkahlend oder mit eingedrückten Fäserchen und Schüppchen, zuerst weißlich, später von unten an braun werdend, an der Basis lange weißlich bleibend. Stacheln frisch bis 10 mm lang (trocken bis 6 mm lang, 0,2–0,5 mm dick), herablaufend, gedrängt stehend, pfriemlich, meist frei, erst weißlich, zuletzt purpurbraun. Fleisch weißlich im Hut, bräunlich unten im Stiel. Geruch fehlend oder schwach würzig, jedenfalls nicht nach Mehl. Geschmack fehlend oder zuletzt bitterlich.

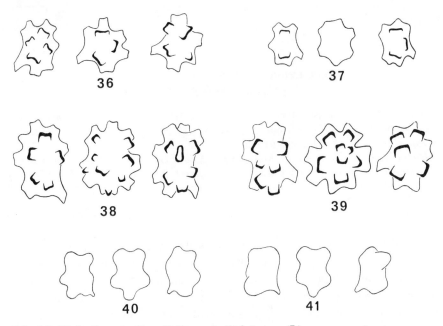

Abb. 36. *Hydnellum tardum* (3 Sporen), Holotypus (L).

Abb. 37. *Hydnellum geogenium* (3 Sporen), Schweiz: Bern, Umgebung Bielersee, 1970, Anonymus (L).

Abb. 38. *Sarcodon imbricatus* (3 Sporen), Schweden: Uppland, Jumkil, Umgebung Örnsätra, 30. Sept. 1967, J. A. Nannfeldt 20205 (UPS).

Abb. 39. *Sarcodon leucopus* (3 Sporen), Schweiz: Graubünden, Davos, 10. Sept. 1967, J. Peter (L).

Abb. 40, 41. *Sarcodon versipellis.* — 40 (3 Sporen), Neotypus (UPS). — 41 (3 Sporen), Schweiz: Schwyz, Sattel, Mädern, 24. Aug. 1969, J. Schwegler (L).

Sporen, × 2800.

Hyphen des Hutes bis 18 μm breit, stark aufgeblasen, dünnwandig, verzweigt, septiert, mit Schnallen. Basidien 35–45 × 6–8 μm, keulenförmig, basal mit Schnalle, mit vier ungefähr 5 μm langen Sterigmen. Sporen 7,2–8,2 × 4,9–5,4 μm, von unregelmäßigem Umriß, höckerig (Höcker zahlreich, grob, vorspringend, mit flachem bis niedergedrücktem Scheitel), bräunlich. (Beschreibung hauptsächlich nach frischem Material)

In Nadelwald (*Picea, Pinus*), mir aus fast allen Ländern Europas bekannt.

Sarcodon imbricatus ist die am meisten abgebildete Art der Gattung und dem Namen nach sicher am besten bekannt. Ob man den Pilz jedoch unter allen Umständen erkennen wird, glaube ich bezweifeln zu müssen. Alte Fruchtkörper, welche alle ihre Schuppen verloren haben, werden hin und wieder als *Sarcodon laevigatus* (falsch angewandter Name für *S. leucopus*) bezeichnet. Mykologen, die nur die blaßen Waldformen kennen, würden über die ganz dunklen, kleinschuppigen Formen des offenen Flachlandes Nordwesteuropas staunen und sie wohl für *S. scabrosus* halten.

SARCODON LEUCOPUS (Pers.) Maas G. & Nannf.
Abb. 39, Taf. 27, 28

Hydnum leucopus Pers., Mycol. europ. 2: 158. 1825. — *Sarcodon leucopus* (Pers.) Maas G. & Nannf. *in* Svensk bot. Tidskr. 63: 415. 1969. — Holotypus: „*Hydnum leucopodium* (mis. Chaill.)" (L 910.262–524).
Hydnum colosseum Bres. *in* Atti Accad. Agiati III 8: 130. 1902 („*colossum*"). — *Sarcodon colosseus* (Bres.) Bat. *in* Bull. trimest. Soc. mycol. Fr. 39: 207. 1924 („*colossum*"). — Holotypus: „*Hydnum colossum* Bres. In pinetis / Setubal / Xbri 1901. Torrend" (S).
Weitere Synonymie: MAAS GEESTERANUS & NANNFELDT (1969: 415).

Fruchtkörper meist einzeln stehend, selten verwachsen. Hut bis etwa 200 mm im Durchmesser, gewölbt oder in der Mitte ein wenig vertieft, bisweilen breit gelappt, glatt oder wellig, ohne konzentrische oder radiäre Markierung, anfangs fein filzig; der Filz sich bald zusammenlegend und eine glatte, mehr oder weniger glänzende, eingedrückt-schuppige Haut bildend, später mehr oder weniger radiär-rissig am Hutrand, felderig-rissig in der Hutmitte, dort auch mit etwas stärker betonten Schuppen, deren Spitzen nicht oder nur wenig aufgerichtet sind; blaß purpurbraun auf fahl gelblichem Untergrund, stellenweise tiefer umbrabraun bis kräftig purpurbraun, oder fast die ganze Oberfläche dunkelbraun. Stiel etwa 40–80 × 20–60 mm, zentral bis exzentrisch, voll, mehr oder weniger zylindrisch bis stark bauchig angeschwollen, mit abgerundeter bis mehr oder weniger zugespitzter Basis, einfach, selten unten gabelig verzweigt, fein filzig, später mit einer glatten oder eingedrückt-schuppigen Haut, dem Hut gleichfarbig oder etwas heller, unten weißlich, nach einiger Zeit (ob immer?) unten grün-fleckig. Stacheln bis etwa 15 × 1 mm, wenig herablaufend, gedrängt stehend, pfriemlich, frei, erst weißlich, zuletzt purpurbraun. Fleisch bis etwa 40 mm dick gegen die Mitte des Hutes, weißlich, im Schnitt purpurbräunlich bis violettlich verfärbend, nach längerer Zeit blaß grünlich. Geruch bald notiert als frisch unangenehm, säuerlich oder Maggiartig (trocken wie *Russula xerampelina*), bald als frisch süßlich-Maggiartig-widerlich. Geschmack bitter nach einiger Zeit.

Hyphen des Hutes 3,5–27 μm breit, aufgeblasen, dünnwandig, verzweigt, septiert, mit Schnallen. Basidien 30–38,5 × 5,5–9 μm, keulenförmig, basal mit Schnalle, mit vier 4,5–6,3 μm langen Sterigmen. Sporen (6,7–)7,2–7,6(–9) ×4,5–5,6 μm, von unregelmäßigem Umriß, höckerig (Höcker ziemlich zahlreich, sehr grob, vorspringend, mit flachem bis niedergedrücktem Scheitel), bräunlich. (Beschreibung nach frischem und getrocknetem Material)

In Nadelwald (*Picea, Pinus*) und bis jetzt sicher bekannt aus Norwegen, Schweden, Finnland, Frankreich, der Schweiz, Österreich und Portugal.

Die Art war bis vor kurzem unter dem Namen *Sarcodon laevigatus* bekannt. Es muß aber betont werden, daß dieser Name immer falsch angewandt worden ist.

In der oben angeführten Synonymie werden zwei Namen vereint, von welchen ich (MAAS GEESTERANUS & NANNFELDT, 1969: 418) einige Zeit lang glaubte, daß sie verschiedene Arten darstellten. Hierzu wurde ich damals veranlaßt durch die von Bresadola (1892: Taf. 138; 1932: Taf. 1042) und Konrad & Maublanc (1927: Taf. 468) publizierten Beschreibungen und Abbildungen, welche meines Erachtens als *Sarcodon colosseus* identifiziert werden konnten (südeuropäisch, von unangenehmem Geruch und sich verfärbendem Fleisch). Meine Auffassung, daß diese Art etwas anderes sei als der echte *Sarcodon leucopus* (zentral- und nordeuropäisch, ohne Geruch und mit weiß bleibendem Fleisch), wurde vor allem durch die Aussage des schwedischen Mykologen S. Lundell untermauert, daß ihm Verfärbung und Geruch bei der in seinem Land vorkommenden Art unbekannt seien. Widersprechende Beobachtungen blieben aber nicht aus und führten Zweifel herbei. Laut einer Notiz bei einer schwedischen Aufsammlung (Herb. Stockholm) soll das Fleisch doch nach einigen Stunden violettlich angelaufen sein. N. SUBER (1968: 169), auch ein schwedischer Mykologe, beschrieb den Geruch von *S. laevigatus* (womit *S. leucopus* gemeint wurde) als unangenehm. Meine eigenen Notizen über die Verfärbung des Fleisches gehen ziemlich auseinander, vielleicht infolge des Zustandes der mir (aus der Schweiz) zugeschickten „frischen" Exemplare.

Obwohl mir bewußt ist, daß eine Erläuterung der oben genannten Unterschiede noch offen steht, glaube ich jetzt, daß eine spezifische Trennung nicht mehr zu verteidigen ist. Hinzu kommt, daß die Sporen von *S. leucopus* und *S. colosseus* identisch sind.

SARCODON VERSIPELLIS (Fr.) Quél.
Abb. 40, 41, Taf. 29, 30

Hydnum versipelle Fr. *in* Öfvers. VetAkad. Förh. 18: 31. 1861; Icon. sel. Hym. 1: 4, Taf. 4. 1867. — *Sarcodon versipellis* (Fr.) Quél., Ench. Fung.: 188. 1886; Litsch. apud Litsch. & Lohwag, Fungi sel. exs. europ. 176. 1939 (Neukombination bei Quélet); Nikol. *in* Fl. sporov. Rast. SSSR 6 (2): 283. 1961 (Neukombination bei Quélet). — *Phaeodon versipellis* (Fr.) P. Henn. *in* Nat. PflFam. 1 (1 **): 149.

1898. — Neotypus: Lundell & Nannfeldt, Fungi exs. suec. 2643 (UPS), siehe
MAAS GEESTERANUS & NANNFELDT (1969: 430).
    Weitere Synonymie: MAAS GEESTERANUS & NANNFELDT (1969: 430).

Fruchtkörper seltener einzeln stehend, meist miteinander verwachsen
und komplizierte Gruppen bildend. Hut frisch bis etwa 150 mm im
Durchmesser, regelmäßig kreisrund oder in breite Lappen geteilt, flach
gewölbt, aber in der Mitte vertieft bis genabelt, glatt oder wellig, nicht
konzentrisch gezont, ursprünglich filzig, später in radiäre, angedrückte
bis anliegende, seltener ein wenig aufkräuselnde Schuppen und lange,
schmale Fasern aufreißend; frisch lebhaft orangebraun, heller bis weißlich
gegen den Rand, mit dunkleren bis dunkel braunen Schuppen und Fasern,
getrocknet fahl gelb, graugelb, bräunlich gelb, graubraun, umbrabraun,
diese Farben ohne oder mit leichtem Purpurton, oder (bei unreifen
Exemplaren) die ganze Oberfläche zart lilagrau, das Hutfleisch zwischen
den Schuppen schmutzig gelblich. Stiel frisch 30–90 × 20–30 mm, seltener
einfach, meist verzweigt und verwachsen, voll, zylindrisch oder unten
bauchig angeschwollen, zuerst filzig, später „matted", dem Hut gleichfarbig
oder heller oder (durch Berührung?) purpurbraun, weiß-flockig an der
zugespitzten Basis. Stacheln (trocken) bis etwa 6 mm lang, 0,1–0,2 mm
dick, herablaufend, gedrängt stehend, pfriemlich, frei oder verwachsen,
erst weißlich, zuletzt purpurbraun. Fleisch weiß im Hut und oberen
Stielende, stellenweise chromgelb wo der Stiel in den Hut übergeht,
gräulich in der Basis, seltener dort grünlich oder bläulich, nach längerer
Zeit mit Verfärbungen ins Grünliche und Violette. Geruch sehr unterschiedlich beurteilt, dazu noch an der Außenseite und im Schnitt ungleich,
jedenfalls nie unangenehm, höchstens etwas (süßlich-) medizinal.
Geschmack mild bis mehlartig-bitterlich.
    Hyphen des Hutes 3–15 μm breit, stark aufgeblasen, dünnwandig,
verzweigt, septiert, mit Schnallen. Basidien 20–30 × 4,5–6,5 μm, keulenförmig, basal mit Schnalle, mit zwei bis vier 3,5–5,4 μm langen Sterigmen.
Sporen 4,5–5,5 × 3,5–4,5 μm, von unregelmäßigem Umriß, höckerig (Höcker
wenig zahlreich, verhältnismäßig grob, vorspringend, mit abgerundetem
Scheitel), bräunlich. (Beschreibung nach frischem und getrocknetem
Material)

    In Nadelwald (*Picea*), einmal auch in Mischwald (*Abies, Fagus*).
Bekannt aus Norwegen, Schweden, Belgien, Frankreich, der Bundes-
republik Deutschland, der Schweiz, Österreich, der Tschechoslowakei,
Italien und Rumänien.
    Da die Hutfarbe sich so ändert, sehen getrocknete Exemplare dieser
Art oft den kleineren Proben von *S. leucopus* täuschend ähnlich. Nur
die Untersuchung der Sporen kann dann die Entscheidung bringen. In
frischem Zustand gewährleisten Hutfarbe und Geruch eine sichere
Bestimmung.
    Es is nicht bekannt, wodurch die gelegentlich sowohl innen als außen

in der Stielbasis auftretende grünliche oder bläuliche Farbe verursacht wird. Ebensowenig bekannt ist, ob dieser Verfärbung ein taxonomischer Wert zugeschrieben werden muß.

SARCODON Sektion SCABROSI Maas G.

Sarcodon Sektion *Scabrosi* Maas G. *in* Verh. K. Ned. Akad. Wet., Afd. Natuurk., Tweede Reeks 60 (3): 114. 1971. — Typus-Art: *Sarcodon scabrosus* (Fr.) P. Karst.

Hut gefeldert bis schuppig. Fleisch blaß im Hut, gelegentlich mit einem rötlichen oder weinroten Hauch, bräunlich im Stiel, schwärzlich grün, graugrün oder bläulich in der Stielbasis. Geruch meist nach Mehl. Hyphen ohne Schnallen.

Die folgenden Arten dieser Sektion sind aus Europa bekannt: *S. fennicus*, *S. glaucopus*, *S. lepidus*, *S. regalis* und *S. scabrosus*. Die Unterscheidung bereitet öfters Schwierigkeiten!

SCHLÜSSEL ZU DEN ARTEN

1. Schuppen in der Hutmitte (bei nicht zu jungen Fruchtkörpern) sparrig abstehend.
  2. Hut ockerfarben gelbbraun. Höcker der Sporen zahlreich, ziemlich klein, mehr oder weniger abgerundet: . . . . *S. fennicus*, 63
  2. Hut meist rotbraun bis purpurbraun (oder wenigstens die Schuppen so gefärbt). Höcker der Sporen wenig zahlreich, grob, eckig: *S. scabrosus*, 68
1. Schuppen in der Hutmitte anliegend bis fest angedrückt, höchstens mit etwas aufgerichteten Spitzen.
  3. Stiel ohne violetten Farbton. Geruch nach Mehl oder unangenehm.
    4. Schuppen dem Hut fest angedrückt; Stiel ohne wurzelartige Verlängerung; unter Nadelbäumen: . . . . *S. glaucopus*, 64
    4. Schuppen ziemlich locker anliegend; Stiel in einen Wurzel verlängert; unter Laubbäumen: . . . . *S. lepidus*, 65
  3. Stiel unten violett. Geruch erst nach Mehl, dann angenehm: *S. regalis*, 67

SARCODON FENNICUS (P. Karst.) P. Karst.
Abb. 42, Taf. 31 Abb. a–c

Sarcodon scabrosus var. *fennicus* P. Karst. *in* Bidr. Känn. Finl. Nat. Folk 37: 104. 1882. — *Sarcodon fennicus* (P. Karst.) P. Karst. *in* Revue mycol. 9: 10. 1887. — *Hydnum fennicum* (P. Karst.) Sacc., Syll. Fung. 6: 433. 1888. — *Phaeodon fennicus* (P. Karst.) P. Henn. *in* Nat. PflFam. 1 (1 **): 149. 1898. — Neotypus: Finnland, Tavastia australis, „*Sarcodon fennicus* / Valkjärvi, m. Sept. 1886, P. A. Karsten" (H), siehe MAAS GEESTERANUS & NANNFELDT (1969: 406).

Fruchtkörper einzeln stehend oder teilweise miteinander verwachsen. Hut bis ungefähr 100 mm im Durchmesser, kreisrund oder breitlappig, flach gewölbt oder in der Mitte niedergedrückt, in den jüngeren Stadien dicht faserig, später schuppig aufreißend; Schuppen grob in der Mitte des Hutes, mehr oder weniger sparrig abstehend, gegen den Rand sich zu Fasern verschmälernd, angedrückt bis locker anliegend; anfänglich ockergelb, später gelbbraun bis dunkel gelbbraun, mitunter mit einem rötlich braunen Schimmer, das Hutfleisch zwischen den Schuppen blaß gelbbraun. Stiel 35–70 ×10–25 mm, voll, zylindrisch oder nach unten verjüngt, filzig, kahl werdend, oben meist dem Hut gleichfarbig, nach unten zu blaugrün oder graugrün, diese Farbe jedoch manchmal vollkommen von einem weißen Myzel überdeckt. Stacheln bis 5 mm lang, 0,1–0,3 mm dick, mehr oder weniger herablaufend, gedrängt stehend, pfriemlich, erst weißlich, zuletzt purpurbraun. Fleisch weißlich im Hut, graugrünlich gegen die Stielbasis. Geschmack bitter.

Hyphen des Hutes bis 20 μm breit, stark aufgeblasen, dünnwandig, verzweigt, septiert, ohne Schnallen. Basidien 40–45 ×6–7 μm, schlank keulenförmig, basal ohne Schnalle, mit vier bis 4,5 μm langen Sterigmen. Sporen 6,3–7,6 ×4,5–5,2 μm, von unregelmäßigem Umriß, warzig-höckerig (Höcker zahlreich, ziemlich klein, vorspringend, mit gerundetem bis flachem, seltener etwas niedergedrücktem Scheitel), bräunlich. (Beschreibung nach getrocknetem Material)

In Nadelwäldern Nordeuropas (Norwegen, Schweden, Finnland).

Funde aus Mitteleuropa sind mir nicht mit Sicherheit bekannt, aber es ist keineswegs ausgeschlossen, daß die Art doch an geeigneten Stellen in den Alpen vorkommt. Interessant ist in diesem Zusammenhang die Sendung einer Probe dieser Art von Herrn Dr. R. Bertault aus Tanger, Jbel Kbir, in Marokko.

SARCODON GLAUCOPUS Maas G. & Nannf.
Abb. 43, 44, Taf. 31 Abb. d

Sarcodon glaucopus Maas G. & Nannf. *in* Svensk bot. Tidskr. 63: 407, Abb. 6–9. 1969. — Holotypus: Schweden, Uppland, Börje Kirchspiel, „Klista skog", 11. Aug. 1953, J. Eriksson (UPS).

Falsch angewandter Name: *Sarcodon amarescens* (Quél.) Quél. sensu Maas G. *in* Fungus 26: 47. 1956.

Fruchtkörper einzeln stehend oder teilweise miteinander verwachsen. Hut frisch bis etwa 110 mm im Durchmesser, mehr oder weniger tief gelappt, flach gewölbt oder in der Mitte etwas vertieft, am Rand wellig; zuerst filzig, später „matted" und eine Haut bildend, welche am Hutrand schuppig aufreißt, in der Hutmitte felderig-rissig wird; Schuppen anliegend bis fest angedrückt; gelbbraun mit einem weinfarbigen Ton oder blaß bis dunkel purpurbraun, gelegentlich stellenweise violettgrau (einen blei-farbigen Eindruck hervorrufend), in der Mitte bisweilen ganz dunkelbraun, getrocknet hin und wieder mit winzigen, gelblichen Exkretionshäufchen, das Fleisch zwischen den Felderchen schmutzig gelblich. Stiel frisch 25–75 ×10–40 mm, einfach oder zum Teil verwachsen, voll, zylindrisch oder abwärts verjüngt oder unten etwas verbreitert, zuerst filzig, später faserig oder angedrückt faserig-schuppig oder stellenweise „matted", anfangs oben schmutzig weißlich, bald rosabräunlich bis purpurbräunlich, nach unten graugrün, mit zugespitzter, weißflockiger Basis. Stacheln bis 5 mm lang, 0,1–0,2 mm dick, herablaufend, gedrängt stehend, pfriemlich, meist frei, erst weißlich, zuletzt purpurbraun. Fleisch weißlich bis gelblich-weißlich im Hut, bisweilen rötlich überhaucht, graugrün in der Stielbasis. Geruch nach Mehl. Geschmack mehr oder weniger bitterlich.

Hyphen des Hutes bis 20 μm breit, stark aufgeblasen, dünnwandig, verzweigt, septiert, ohne Schnallen. Basidien 30–35 × 5–7 μm, keulenförmig, basal ohne Schnalle, mit vier bis 4,5 μm langen Sterigmen. Sporen (5–)5,4–5,8(–6,3) × (3,6–)4–4,5 μm, von unregelmäßigem Umriß, warzig-höckerig (Höcker ziemlich zahlreich, nicht sehr grob, vorspringend, mit gerundetem, flachem oder niedergedrücktem Scheitel, und im letzten Fall scheinbar paarig angeordnet), bräunlich. (Beschreibung nach frischem und getrocknetem Material)

In Nadelwald (*Picea*, *Pinus*). Außerhalb Schwedens nur bekannt aus der Schweiz und Italien.

Schweiz

Kanton Uri: Amsteg, Dörflibannwald, 6. Sept. 1970, R. A. Maas Geesteranus 15372, auf Nadelstreu zwischen *Vaccinium myrtillus* in *Pinus*-Wald, an südexponiertem Hang, 650 m (L); gleicher Ort, 2. Sept. 1972, J. Breitenbach (L).

Italien

Trentino: oberhalb Amblar bei Cavareno, 6. Aug. 1972, B. Sarcletti & A. Bresinsky, in Ericeto-Pinetum mit verstreuter *Larix* (M).

Es gehört Erfahrung dazu, um vorliegende Art von dem vielgestaltigen *S. scabrosus* zu unterscheiden.

Sarcodon lepidus Maas G., *spec. nov.*[6]
Abb. 45, Taf. 32 Abb. a

Holotypus: „Lochem, Ampsen, 26 Sept. 1971, G. en H. Piepenbroek, onder *Quercus rubra*" (L).

---

[6] Für die lateinische Beschreibung, siehe S. 105.

Fruchtkörper einzeln stehend oder mehr oder weniger miteinander verwachsen. Hut frisch bis 70 mm im Durchmesser (trocken 50 mm), kreisrund oder breit gelappt, flach gewölbt oder in der Mitte etwas vertieft, anfänglich filzig, später faserig am Hutrand, faserig-schuppig dahinter und schuppig gegen die Hutmitte; Fasern (hauptsächlich die am Hutrand befindlichen) frei, Schüppchen größtenteils angedrückt, aber mit aufsteigenden Spitzen, jung blaß rosabraun, später purpurbraun bis rötlich braun, die dunkleren Schuppen sich kräftig von der gelblichen Grundfarbe abhebend, etwas glänzend. Stiel frisch 20–35 ×5–12 mm (trocken 15–30 ×3–9 mm), voll, zylindrisch oder unten etwas spindelförmig, allmählich in die wurzelnde Basis übergehend, fein samtartig-filzig bis filzig, kahl werdend, gelbbraun bis rosabraun, mit weißem, sich später graugrün verfärbendem Filz an der Basis. Stacheln trocken bis 3 mm lang, 0,1–0,2 mm dick, herablaufend, gedrängt stehend, pfriemlich, zuletzt purpurbraun. Fleisch frisch 5–6 mm dick und weißlich im Hut, unter der Oberfläche sofort rosa getönt, gelblich im Stiel, graugrün in der Basis. Geruch mehlartig und zugleich unangenehm.

Hyphen des Hutes bis 24 μm breit, stark aufgeblasen, dünnwandig, verzweigt, septiert, ohne Schnallen. Basidien 30–36 ×5,5–7 μm, keulenförmig, basal ohne Schnalle, mit vier 4,5–5,4 μm langen Sterigmen. Sporen 5,8–6,3 ×3,6–4,3 μm, von unregelmäßigem Umriß, höckerig (Höcker zahlreich, grob, vorspringend, mit niedergedrücktem bis 3-spitzigem Scheitel), bräunlich. (Beschreibung nach frischem und getrocknetem Material)

Ausschließlich unter Eichen (*Quercus*) wachsend. Die Art ist noch nicht außerhalb der Niederlanden nachgewiesen worden. Neben dem Typus können noch folgende Funde erwähnt werden.

NIEDERLANDE

Prov. Overijssel: Steenwijk, De Eeze, 31. Aug. 1968, J. J. Barkman 8700 (L).

Prov. Gelderland: Lochem, Ampsen, 3. Sept. 1972, G. & H. Piepenbroek 504a, 504b (L).

Sarcodon lepidus ist *S. glaucopus* nicht unähnlich, aber letztere Art unterscheidet sich dadurch, daß erstens der Hutfilz sich zu einer dünnen Haut zusammenlegt, welche später in flach anliegende Felderchen aufbrechen kann; zweitens der Stiel sich nicht in eine wurzelnde Basis verjüngt; drittens die Höcker der Sporen anders gestaltet sind. Wichtig ist auch, daß *S. glaucopus* immer in Koniferenwald wächst.

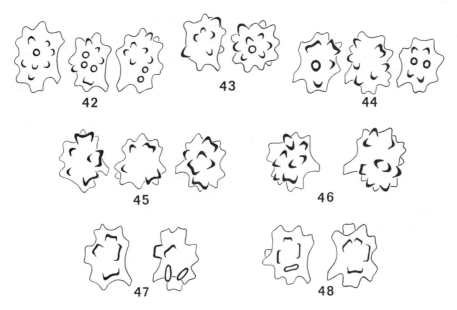

43

42

44

45

46

47

48

Abb. 42. *Sarcodon fennicus* (3 Sporen), Neotypus (H).

Abb. 43, 44. *Sarcodon glaucopus*. — 43 (2 Sporen), Holotypus (UPS). — 44 (3 Sporen), Schweiz: Uri, Amsteg, 6. Sept. 1970, R. A. Maas Geesteranus 15372 (L).

Abb. 45. *Sarcodon lepidus* (3 Sporen), Holotypus (L).

Abb. 46. *Sarcodon regalis* (2 Sporen), Syntypus, R. A. Maas Geesteranus 15334 (L).

Abb. 47, 48. *Sarcodon scabrosus*. — 47 (2 Sporen), Neotypus (UPS). — 48 (2 Sporen), Lundell & Nannfeldt, Fungi exsiccati suecici 2206 (UPS).

Sporen, ×2800.

Sarcodon regalis Maas G., *spec. nov.*[7]
Abb. 46, Taf. 32 Abb. b, c, Taf. 33 Abb. a

Syntypen: ,,Fungi britannici / *Sarcodon regalis* Maas G. / Berkshire, Windsor Great Park, Swinley Park, 3 Oct. 1968, R. A. Maas Geesteranus 15291, on grassy bank under *Quercus* and *Castanea sativa* bordering plantation of *Tsuga heterophylla*" und vom gleichen Ort ,,21 Sept. 1969, E. E. Green & R. A. Maas Geesteranus 15334" (L).

Fruchtkörper einzeln stehend oder miteinander verwachsen. Hut frisch bis 100 mm im Durchmesser (trocken 70 mm), kreisrund oder gelappt, flach gewölbt oder in der Mitte abgeflacht, schuppig; Schuppen am Hutrand schmal und faserig, gegen die Mitte breit, größtenteils angedrückt, aber öfters mit aufgerichteten Spitzen; gelblich braun, stellenweise mit einem leichten Purpurton, mit graubraunen bis dunkel braunen Fasern und Schuppen (trocken mehr stumpf braun), etwas glänzend. Stiel frisch 30–60 ×15–20 mm (trocken 10–40 ×8–12 mm), einfach oder miteinander

---

[7] Für die lateinische Beschreibung, siehe S. 106.

verwachsen oder verzweigt, voll, zylindrisch oder abwärts etwas verjüngt, mit zugespitzter und wurzelnder Basis, samtartig-filzig oder kurzfaserig, oben blaß orangebraun oder rosabraun, unten blaß schmutzig violett, an der Basis weiß-filzig oder etwas graugrün-fleckig. Stacheln trocken bis 4 mm lang, 0,1–0,2 mm dick, herablaufend, gedrängt stehend, pfriemlich, zuerst blaß, später purpurbraun. Fleisch frisch bis 10 mm dick im Hut, weißlich oder blaß gelblich grau, unter der Oberfläche weinrötlich getönt oder mit deutlichen, violetten Flecken, im Stiel weinrötlich getönt oder blaß schmutzig rötlich braun, in der Stielbasis graugrün. Geruch zuerst ein wenig mehlartig, dann angenehm, süßlich, obstartig. Geschmack nach Mehl, bitterlich nach einiger Zeit.

Hyphen des Hutes bis 21 μm breit, stark aufgeblasen, dünnwandig, verzweigt, septiert, ohne Schnallen. Basidien zirka 36 × 6–7 μm, keulenförmig, basal ohne Schnalle, mit vier 5,5–6,3 μm langen Sterigmen. Sporen 5,6–6,1 × 4–4,9 μm, von unregelmäßigem Umriß, höckerig (Höcker zahlreich, ziemlich grob, vorspringend, mit niedergedrücktem bis 3-spitzigem Scheitel), bräunlich. (Beschreibung nach frischem und getrocknetem Material)

Vielleicht eine an Koniferen gebundene Art, obwohl diese Folgerung bei dem Erstfund noch nicht eindeutig gezogen werden kann. Außer aus Großbritannien auch aus der Bundesrepublik Deutschland bekannt.

Bundesrepublik Deutschland

Baden-Württemberg: Tuttlingen, Russberg und Witthoh Wald, 7. Sept. 1971, H. Ploss, in Fichtenwald (L).

Sarcodon scabrosus (Fr.) P. Karst.
Abb. 47, 48, Taf. 33 Abb. b–d, Taf. 34, 35

Hydnum scabrosum Fr., Anteckn. Sverige väx. ätl. Svamp.: 62. 1836. — *Sarcodon scabrosus* (Fr.) P. Karst. *in* Revue mycol. 3/No. 9: 20. (1. Jan.) 1881 & *in* Meddn Soc. Fauna Fl. fenn. 6: 16. 1881. — *Phaeodon scabrosus* (Fr.) P. Henn. *in* Nat. PflFam. 1 (1 **): 149. 1898. — Neotypus: Schweden, Småland, 6. IX. 1945. S. Lundell (UPS), siehe Maas Geesteranus & Nannfeldt (1969: 426).

Fruchtkörper stark variierend, einzeln stehend oder miteinander verwachsen. Hut frisch bis 140 mm im Durchmesser, kreisrund bis gelappt oder durch Verwachsung unregelmäßig, flach gewölbt bis mehr oder weniger in der Mitte vertieft; zuerst samtartig-filzig und vollkommen glatt, die Oberfläche bald mit einigen tiefen Rissen aufspaltend, dann gefeldert-rissig in der Hutmitte, radiär rissig am Hutrand, darauf in Schuppen aufbrechend; Schuppen angedrückt bis anliegend, schmal und faserig am Hutrand, mit der Spitze oder größtenteils aufsteigend, grob, dachziegelartig und dabei oft zu radiären Leisten angeordnet gegen die

Hutmitte; rosabraun, rötlich braun, zimtbraun, kupferrotbraun, purpurbraun bis schwärzlich braun, mit blaßem bis schmutzig gelbem Fleisch
zwischen den Schuppen. Stiel frisch 25–100 ×10–30 mm, einfach bis mehr
oder weniger stark zusammengewachsen, voll, zylindrisch oder nach unten
verjüngt, mitunter auch mit zugespitzter Basis, filzig, später faserig bis
etwas faserig-schuppig oder verkahlend, zuerst bräunlich fleischfarben,
selten stellenweise rosa oder sogar blaß violett, später den Hutschuppen
gleichfarbig, unten graugrün, blaugrün bis schwärzlich grün, mehr oder
weniger durch einen weißlichen Filz überdeckt. Stacheln frisch bis etwa
10 mm lang (trocken –6 ×0,2–0,3 mm), oft nur wenig herablaufend,
gedrängt stehend, pfriemlich, einfach bis verwachsen, zuerst gelblich weiß,
nur langsam purpurbraun werdend. Fleisch frisch bis 10 mm dick in der
Hutmitte, weißlich, bald rötlich und stellenweise auch gelblich anlaufend,
graugrün gegen die Stielbasis. Geruch nach Mehl. Geschmack bitter und
oft zu gleicher Zeit unangenehm scharf.

Hyphen des Hutes bis 30 μm breit, stark aufgeblasen, dünnwandig,
verzweigt, septiert, ohne Schnallen. Basidien 38–43 ×6–7 μm, keulenförmig,
basal ohne Schnalle, mit vier 4–5 μm langen Sterigmen. Sporen
(5,4–)6,3–7,3 ×(3,6–)4–5 μm, von unregelmäßigem Umriß, höckerig
(Höcker zahlreich, grob, vorspringend, mit flachem bis niedergedrücktem
Scheitel), bräunlich. (Beschreibung nach frischem und getrocknetem
Material)

In verschiedenen Gegenden Europas unter Fagaceae wachsend (*Quercus*,
Fagus, *Castanea*), in Skandinavien dagegen in Nadelwald und vorzugsweise
unter *Pinus* vorkommend. In der Schweiz wurde die Art weiter in
Mischwald (*Fagus*, *Picea*) auf Jurakalk gefunden. Die Art ist in den
meisten Ländern Europas gefunden worden.

Gewöhnlich stehen die Schuppen so dicht gedrängt und überdecken
die ganze Hutoberfläche so vollkommen, daß kein Hutfleisch in den
Rissen zu sehen ist. Dabei sehen die Schuppen oft wie gekielt aus. Diese
Formen lassen sich am leichtesten als *S. scabrosus* erkennen. Es gibt
aber zahllose Abänderungen, je nach den lokalen oder klimatischen
Bedingungen, welche die Erkennung erschweren können. Vor allem ist
es schwierig, *S. scabrosus* und *S. glaucopus* zu unterscheiden. Bei der
letzteren Art ist das Fleisch nicht so stark bitter und unangenehm und
sind die Sporen kleiner.

SARCODON Sektion SQUAMICEPS Maas G.

Sarcodon Sektion *Squamiceps* Maas G. *in* Proc. K. Ned. Akad. Wet. (Ser. C) **77**:
490. 1974. — Typus-Art: *Sarcodon lundellii* Maas G. & Nannf.

Hut bald gefeldert bis schuppig. Fleisch weißlich oder bräunlich im
Hut, gleichfarbig oder kräftiger braun in der Stielbasis. Hyphen ohne
Schnallen.

Die zu dieser Sektion gestellten europäischen Arten sind *S. cyrneus*, *S. lundellii* und *S. underwoodii*. Eine noch unbenannte Art aus Norwegen, *S.* species 1, dürfte auch hierher gehören. Verschiedene Proben mußten bislang als unbestimmbar zurückgestellt werden; sie gehören sehr wahrscheinlich doch dieser Sektion an und es dürfte nicht voreilig sein zu behaupten, daß diese Abteilung der Gattung in nächster Zukunft eine starke Ausbreitung erfahren wird.

Sarcodon bubalinus (Pers.) Maas G. (1956: 48), eine ebenfalls in diese Sektion zu stellende Art, wurde niemals wiedergefunden und bleibt mangels einer modernen Beschreibung noch immer schwer zu deuten.

SCHLÜSSEL ZU DEN ARTEN

1. Sporen bis 6,5 μm lang; unter Nadelbäumen.
    2. Hut deutlich schuppig, Schuppen zum Teil mit aufgerichteten Spitzen, ziemlich dunkel gefärbt: . . . . *S. lundellii*, 71
    2. Hut kaum schuppig, eher faserig, blaß: . . . . *S.* species 1, 74
1. Sporen 6,3–8,8 μm lang; unter Laubbäumen.
    3. Hut deutlich schuppig, Schuppen zum Teil mit aufgerichteten Spitzen: . . . . *S. underwoodii*, 73
    3. Hut in Felderchen aufbrechend oder mit schwach ausgeprägten, angedrückten Schüppchen: . . . . *S. cyrneus*, 70

Sarcodon cyrneus Maas G., *spec. nov.*[8]
Abb. 49, Taf. 36 Abb. a

Syntypen: Korsika, „between Porto and Piana, 7 Oct. 1972, V. Demoulin 4489, in *Quercus ilex* forest" und „South of Ajaccio, forest of Cotti-Chiavari, 18 Oct. 1972, V. Demoulin 4608, under *Quercus ilex*" (L).

Fruchtkörper einzeln stehend oder miteinander verwachsen. Hut bis 65 mm im Durchmesser, flach gewölbt bis in der Mitte niedergedrückt, am Rand fein samtartig-filzig, weiter nach hinten filzig, oder Filz sich zusammenlegend und eine anfänglich glatte, etwas glänzende Huthaut bildend, welche später zu Felderchen oder angedrückten Schüppchen aufbrechen kann, frisch bräunlich rosa, trocken ziemlich blaß schmutzig rosabraun oder etwas mehr purpurn überhaucht, dunkler im Zentrum, stellenweise auch mehr gelblich braun oder fast falb am Rand. Stiel 15–30 × 6–15 mm, voll, zylindrisch oder unten etwas verbreitert, mit plötzlich zugespitzter Basis, gerade oder gekrümmt, samtartig-filzig, stellenweise verkahlend, blaß graubraun, schließlich dem Hut ungefähr gleichfarbig, an der Basis mit gelblich-grauem Myzel. Stacheln bis 3 mm lang, 0,1–0,3 mm dick, tief herablaufend, gedrängt stehend, pfriemlich, zuerst weißlich, dann purpurbraun werdend. Fleisch frisch weißlich, rosa

---

[8] Für die lateinische Beschreibung, siehe S. 109.

überhaucht, trocken blaß, in der Basis nicht grünlich. Geruch und Geschmack nicht notiert.

Hyphen des Hutes bis 27 μm breit, stark aufgeblasen, dünn- bis etwas dickwandig, verzweigt, septiert, ohne Schnallen. Basidien 30–36 ×6,5–7 μm, keulenförmig, basal ohne Schnalle, mit vier etwa 3,6 μm langen Sterigmen. Sporen (5,8–)6,3–7,3 ×4–5 μm (vielleicht noch nicht reif), von unregelmäßigem Umriß, höckerig (Höcker nicht zahlreich, ziemlich grob, vorspringend, mit flachem oder niedergedrücktem Scheitel), bräunlich. (Beschreibung hauptsächlich nach getrocknetem Material, ergänzt nach Notizen des Sammlers)

Wie aus den oben beigegebenen Daten ersichtlich ist, wächst die Art in *Quercus ilex* Wäldern. Bis jetzt gibt es weder in Europa noch in Nordamerika eine mit ihr vergleichbare Art.

SARCODON LUNDELLII Maas G. & Nannf.
Abb. 50, Taf. 36 Abb. b

Sarcodon lundellii Maas G. & Nannf. *in* Svensk bot. Tidskr. 63: 421, Abb. 24–28. 1969. — Holotypus: Lundell & Nannfeldt, Fungi exs. suec. No. 252 („*Hydnum subsquamosum*", UPS).
Falsch angewandter Name: *Hydnum badium* Pers. sensu Lundell apud Lundell & Nannfeldt, Fungi exs. suec., Fasc. 29–30: 47. 1947.

Fruchtkörper einzeln stehend oder zu kleinen Gruppen vereinigt und mehr oder weniger miteinander verwachsen. Hut bis 90 mm im Durchmesser, kreisrund oder breitlappig, flach gewölbt oder in der Mitte niedergedrückt, am Rand wollig-samtartig bis radiär faserig, häutigschuppig gegen die Mitte; die Schuppen daselbst breit und mit aufgerichteten Spitzen, weiter gegen den Hutrand schlank, spitz und angedrückt; nach Angabe Lundells frisch etwas blasser als *Tricholoma vaccinum*, später mit einem kupferfarbigen Ton, getrocknet stumpf gelblich braun bis rötlich braun oder etwas purpurbraun, die Schuppen dunkler gefärbt bis ganz dunkel braun. Stiel 25–80 ×4–20 mm, oben bisweilen verzweigt, voll, zylindrisch oder unten etwas verbreitert, nicht wurzelnd, fein filzig, kahl werdend und ein wenig glänzend, bräunlich weißlich, stellenweise zart rosa oder violettlich überhaucht, zuletzt dem Hut fast gleichfarbig. Stacheln bis 4,5 mm lang, 0,1–0,4 mm dick, herablaufend, gedrängt stehend, pfriemlich, purpurbraun. Fleisch weißlich oder blaß bräunlich im Hut, etwas dunkler in der Stielbasis. Geruch nach Mehl oder Gurken, im Alter unangenehm. Geschmack jung mild, alt etwas scharf.

Hyphen des Hutes bis 22 μm breit, stark aufgeblasen, dünnwandig, verzweigt, septiert, ohne Schnallen. Basidien 30–36 ×6–7 μm, keulenförmig, basal ohne Schnalle, mit vier 3,6–4,5 μm langen Sterigmen. Sporen

4,9–5,8 × 3,6–4,2 μm, von unregelmäßigem Umriß, warzig-höckerig (Höcker zahlreich, ziemlich grob, vorspringend, mit gerundetem oder flachem Scheitel), bräunlich. (Beschreibung nach getrocknetem Material)

In Nadel- oder seltener Mischwald. Außerhalb Schwedens nur aus Norwegen (GULDEN & STORDAL, 1973: 121) bekannt.

Obwohl die Art in ihrer typischen Ausbildung ziemlich leicht zu erkennen ist, hüte man sich vor einer zu schnellen Beurteilung. *Sarcodon lundellii* gehört gerade in die schwierigste Sektion der Gattung, in der sich die meisten ungeklärten Arten befinden. Dr. H. Jahn schickte mir vor einiger Zeit in Blekinge (Schweden) gesammeltes Material (allerdings ohne Beschreibung), das ich auf den ersten Blick für *S. lundellii* hielt. Die Sporen waren aber weit größer (6,3–6,7 × 5,4 μm); es dürfte sich hier um eine unbeschriebene Art handeln, zu deren Studium und Beschreibung aber besseres Material erforderlich ist.

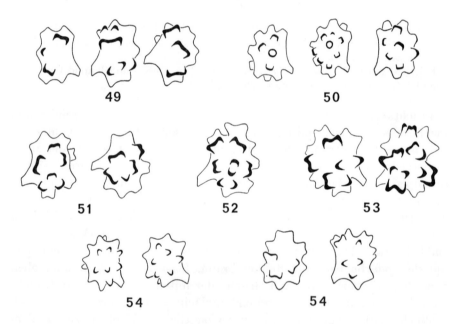

Abb. 49. *Sarcodon cyrneus* (3 Sporen), Syntypus, V. Demoulin 4608 (L).
Abb. 50. *Sarcodon lundellii* (3 Sporen), Holotypus (UPS).
Abb. 51–53. *Sarcodon underwoodii.* — 51 (2 Sporen), Holotypus (NY). — 52 (1 Spore), Niederlande: Gelderland, Lunteren, 16. Aug. 1944, Frau M. J. Maas Geesteranus (L). — 53 (2 Sporen), Niederlande: Overijssel, Steenwijk, De Eeze, 31. Aug. 1968, J. J. Barkman 8686 (L).
Abb. 54. *Sarcodon* species 1 (4 Sporen), Norwegen: Akershus, Asker, Dikemark, 29. Aug. 1971, Kjell Kvavik; links unreife, rechts reife Sporen (O).

Sporen, × 2800.

SARCODON UNDERWOODII Banker
Abb. 51–53, Taf. 36 Abb. c, d

Sarcodon underwoodii Banker *in* Mem. Torrey bot. Club **12**: 147. 1906. —
Hydnum underwoodii (Banker) Sacc. & Trott. *in* Syll. Fung. **21**: 363. 1912; Coker
in J. Elisha Mitchell scient. Soc. **34**: 171. 1919 (Neukombination bei Saccardo &
Trotter); Pouzar *in* Česká Mykol. **10**: 68. 1956 (Neukombination bei Saccardo &
Trotter). — Holotypus: „Fungi of Connecticut / *Sarcodon Underwoodii* Banker,
Torr. Bot. Cl. Mem. **12**: 147. 1906 / Upland woods, Redding, VII. 24. [19]02 / leg.
Underwood & Earle 598" (NY).
Sarcodon radicatus Banker *in* Mycologia **5**: 13. 1913. — *Hydnum radicatum*
(Banker) Trott. *in* Syll. Fung. **23**: 468. 1925. — Holotypus: „Fungi of New York /
Sarcodon radicatus Banker / Ram Woods, Schagticoke / H. J. Banker 724, VIII.
20. [19]01" (NY).
Sarcodon murrillii Banker *in* Mycologia **5**: 15. 1913. — *Hydnum murrillii* (Banker)
Trott. *in* Syll. Fung. **23**: 467. 1925; Pouzar *in* Česká Mykol. **10**: 68. 1956 (Neu-
kombination bei Trotter). — Holotypus: „Pink Bed Valley and surrounding
Mountains, 3300–4500 Ft., Estate of George W. Vanderbilt, Transylvania Co., N.C. /
Oak-chestnut woods and Kalmia-Rhododendron thickets / 397. *Sarcodon Murrillii*
Banker, Mycologia **5**: 15. 1913 / W. A. Murrill and H. D. House, July 13–24,
1908" (NY).

Fruchtkörper einzeln stehend. Hut frisch 20–90 mm im Durchmesser,
ziemlich regelmäßig kreisrund, flach gewölbt oder in der Mitte etwas
vertieft, zuerst filzig, bald faserig, dann schuppig; Schuppen am Hutrand
angedrückt bis anliegend, schmal, aus wenigen verklebten Fasern
bestehend; in der Mitte des Hutes breiter, mit aufsteigenden Spitzen,
auf gelbbraunem Grund dunkler gelbbraun, rötlich braun oder purpurbraun, schließlich dunkel braun werdend, ein wenig glänzend. Stiel frisch
20–50 ×5–12 mm, einfach, voll, zylindrisch oder nach unten ein wenig
verjüngt, mit wurzelnder Basis, filzig, kahl werdend, fleischfarbig bräunlich
bis gelbbraun, dunkel braun bei Druck, weißfilzig an der Basis. Stacheln
frisch bis 6 mm lang (trocken –4,5 ×0,2–0,4 mm), herablaufend, gedrängt
stehend, pfriemlich, meist frei, erst weißlich, später purpurbräunlich.
Fleisch frisch bis 10 mm dick in der Mitte des Hutes, weißlich, im Schnitt
mitunter rosa oder hell purpurn anlaufend, zuletzt vergilbend, in der
Stielbasis bräunlich oder wässerig purpurgrau. Geruch nach Mehl.
Geschmack nach Mehl, etwas bitter.

Hyphen des Hutes bis 28 μm breit, stark aufgeblasen, dünnwandig,
verzweigt, septiert, ohne Schnallen. Basidien 40–45 ×8–10 μm, keulenförmig, basal ohne Schnalle, mit vier etwa 5 μm langen Sterigmen. Sporen
7,2–8,8 ×5–5,4 μm, von unregelmäßigem Umriß, höckerig (Höcker
zahlreich, sehr grob, stark vorspringend, mit niedergedrücktem Scheitel),
bräunlich. (Beschreibung nach frischem und getrocknetem Material)

Unter Eichen (*Quercus*) wachsend. Die Art ist für Europa bisher nur
aus den Niederlanden bekannt.

NIEDERLANDE

Prov. Drente: Dwingelo, 29. Aug. 1963, R. A. Maas Geesteranus 13935; gleicher Ort, 21. Aug. 1966, A. K. Masselink 66–128; gleicher Ort, 31. Aug. 1968 J. J. Barkman 8699 (L).

Prov. Overijssel: Steenwijk, De Eeze, 31. Aug. 1968, J. J. Barkman 8686 (L).

Prov. Gelderland: Lunteren, 16. Aug. 1944, Frau M. J. Maas Geesteranus (L); Vaassen, Hattemerberg, 21. Aug. 1960, E. Kits van Waveren (L).

Prov. Zeeland: Hulst, 12. Okt. 1951, B. J. J. R. Walrecht (L).

Durch obenstehende Funde wird vorliegende Art erstmals für Europa festgestellt. Es ist anzunehmen, daß man sie auch an anderen Orten finden wird. Ich besitze z.B. eine Notiz, daß sich im Herbar Bourdot (PC) unter dem Namen *Sarcodon badius* („*badium*") eine Probe befindet (Iseure, entre les Robinets et la Ronde, Sept. 1889, H. Bourdot 12261, bois de chênes), welche sich mit *S. underwoodii* identifizieren lassen dürfte.

Wahrscheinlich gibt es in Europa noch eine weitere Art, welche *S. underwoodii* sehr ähnlich auszusehen scheint. Es ist das von BRESADOLA (1932: Taf. 1036) abgebildete *Hydnum squamosum*, das möglicherweise auch identisch ist mit der von Bourdot & Galzin unter dem gleichen Namen erwähnten Art. Beide sollen sich von *S. underwoodii* unterscheiden durch einen anfänglich weißlichen Stiel, viel kleinere Sporen und das Vorkommen unter Koniferen.

Die Frage, ob Bresadola und Bourdot & Galzin den Artnamen *H. squamosum* richtig angewandt haben, muß verneint werden. Das ursprünglich von Schaeffer beschriebene und abgebildete *Hydnum squamosum* ist höchstwahrscheinlich nur eine Form aus der *H. repandum*-Gruppe (MAAS GEESTERANUS, 1959: 140). Bresadola und Bourdot & Galzin beschrieben dagegen eine *Sarcodon*-Art, wobei der erstere Autor möglicherweise noch eine weitere Komplikation verursachte, indem er das angebliche *H. squamosum* und *Sarcodon imbricatus* miteinander verwechselt hat (MAAS GEESTERANUS, 1956: 55).

SARCODON species 1
Abb. 54, Taf. 37 Abb. a

Fruchtkörper einzeln stehend. Hut bis 27 mm im Durchmesser, flach gewölbt oder in der Mitte etwas vertieft, zuerst samtartig, später eine glänzende, eingedrückt-faserige oder kahle Haut bildend, blaß purpurbraun, stellenweise mehr violett oder gelblich überhaucht, mit vielen gelblichen Exkretionshäufchen übersät. Stiel 20–25 ×4–8 mm, voll, zylindrisch oder unten etwas verbreitert, kahl oder mit zerstreuten, lockeren Fasern, glänzend, gelbbraun ohne Purpurton, am oberen Ende gelegentlich mit Exkretionspusteln, weiß-flockig an der Basis. Stacheln bis 2,5 mm lang, 0,1–0,2 mm dick, herablaufend, ziemlich locker bis gedrängt stehend, pfriemlich, frei, purpurbraun. Fleisch 1–1,5 mm dick gegen die Mitte des Hutes, blaß bis blaß bräunlich, von gleicher Farbe in der Stielbasis.

Hyphen des Hutes 3,5–18 μm breit, stark aufgeblasen, dünnwandig, verzweigt, septiert, ohne Schnallen. Basidien 26–30 × 6,5–7 μm, keulenförmig, basal ohne Schnalle, mit vier 3,6–4,5 μm langen Sterigmen. Sporen 5,4–6,3 × 4,3–4,7 μm, von unregelmäßigem Umriß, höckerig (Höcker zahlreich, vorspringend, entweder abgerundet warzenähnlich und paarig angeordnet oder einfach und mit niedergedrücktem Scheitel), bräunlich. (Beschreibung nach getrocknetem Material)

NORWEGEN

Akershus: Asker, Dikemark, 29. Aug. 1971, Kjell Kvavik, in *Picea*-Wald (O).

Das zu dürftige und dazu nicht ausgereifte Material verhindert vorläufig eine eindeutige Bestimmung. Umsomehr verdient die Art aber die höchste Aufmerksamkeit.

SARCODON Sektion **Velliceps** Maas G., *sect. nov.*[9]

Typus-Art: *Sarcodon martioflavus* (Snell & al. apud Snell & Dick) Maas G.

Hutoberfläche lange Zeit fein samtartig bleibend, übrigens der Sektion *Squamiceps* stark ähnlich.

Der einzige europäische Vertreter der Sektion ist *S. martioflavus*.

SARCODON MARTIOFLAVUS (Snell & al. apud Snell & Dick) Maas G.
Abb. 55, Taf. 37, Abb. b, c

Hydnum martioflavum Snell & al. apud Snell & Dick *in* Lloydia 25: 161. 1963. — *Sarcodon martioflavus* (Snell & al. apud Snell & Dick) Maas G. *in* Persoonia 3: 164. 1964. — Holotypus: „*Hydnum martioflavum* Snell, Harrison & Jackson, Ste Anne de la Pocatière, Quebec, 13 Sept. 1954, H. A. C. Jackson & W. H. Snell" (Herb. W. H. Snell 3011).
Weitere Synonymie: MAAS GEESTERANUS (1964: 163).

---

[9] Für die lateinische Beschreibung, siehe S. 112.

Fruchtkörper einzeln stehend oder miteinander verwachsen. Hut frisch bis ungefähr 100 mm im Durchmesser, regelmäßig kreisrund bis geteilt-gelappt, gewölbt, später mehr oder weniger abgeflacht oder in der Mitte etwas vertieft, am Rand oft wellig, mitunter unförmig gestaltet, nicht konzentrisch gezont und ohne radiäre Markierung; anfangs dicht und fein samtartig, lange unverändert, schließlich filzig oder zum Teil die Oberfläche „matted" oder fein runzelig, ausnahmsweise hie und da in angedrückten Schüppchen aufreißend; ockergelblich braun bis purpurbraun, im Alter nachdunkelnd, am jungen Hutrand einmal mit rosa Tröpfchen beobachtet. Stiel 20–50 ×5–20 mm, einfach oder verzweigt oder verwachsen, voll, zylindrisch oder spindelförmig oder nach unten verjüngt, oben samtartig bis filzig und dem Hut gleichfarbig, nach unten ohne scharfe Grenze in einen weichen, wolligen, orange- bis aprikosenfarbigen Filz übergehend (gelegentlich ist der ganze Stiel mit diesem Filz bekleidet). Stacheln bis etwa 5 mm lang, 0,1–0,3 mm dick, herablaufend, gedrängt stehend, pfriemlich, frei oder verwachsen, anfangs weißlich, zuletzt purpurbraun. Fleisch blaß im Hut, bräunlich im Stiel. Geruch nach Mehl. Geschmack mild, nach Mehl.

Hyphen des Hutes bis etwa 20 µm breit, stark aufgeblasen, dünn- bis etwas dickwandig, verzweigt, septiert, ohne Schnallen. Basidien 40–45 × 6–7 µm, keulenförmig, basal ohne Schnalle, mit vier bis 5 µm langen Sterigmen. Sporen 5–6,3 ×3,6–4,5 µm, von unregelmäßigem Umriß, höckerig (Höcker zahlreich, ziemlich grob, vorspringend, mit flachem bis niedergedrücktem Scheitel), bräunlich. (Beschreibung nach frischem und getrocknetem Material)

In Nadel- und Mischwald (*Picea*), mit Sicherheit festgestellt in Norwegen, der Bundesrepublik Deutschland (ENGEL, 1974: 257; STEINMANN, 1972: 8) und der Schweiz.

SARCODON Sektion VIOLACEI Maas G.

Sarcodon Sektion *Violacei* Maas G. *in* Persoonia 5: 11. 1967. — Typus-Art: *Sarcodon joeides* (Pass.) Bat.

Hut schorfig bis schuppig. Fleisch in Hut und Stiel rosarot, lila oder violett. Geruch nach Mehl. Hyphen ohne Schnallen.

Die zwei europäischen Arten dieser Sektion sind *S. fuligineo-violaceus* und *S. joeides*.

SCHLÜSSEL ZU DEN ARTEN

SARCODON FULIGINEO-VIOLACEUS (Kalchbr. apud Fr.) Pat.
Abb. 56, Taf. 38, Taf. 39 Abb. a

Hydnum fuligineo-violaceum Kalchbr. apud Fr., Hym. europ.: 602. 1874; Kalchbr., Icon. sel. Hym. Hung. 4: 58, Taf. 32 Abb. 2. 1877. — *Sarcodon fuligineo-albus* var. *fuligineo-violaceus* (Kalchbr. apud Fr.) Quél., Ench. Fung.: 189. 1886. — *Sarcodon fuligineo-violaceus* (Kalchbr. apud Fr.) Pat., Essai tax. Hym.: 118. 1900. — (Holo?)Typus: „*Hydnum fuligineo-violaceum* Kalchbr. n. sp. / In pinetis Carpatorum ad Olaszi / Sept. 1870 / C. Kalchbrenner" (Herb. E. Fries, UPS).

Fruchtkörper einzeln stehend (ob immer?). Hut bis 130 mm im Durchmesser, regelmäßig kreisrund bis geteilt-gelappt, flach gewölbt, später abgeflacht oder in der Mitte etwas vertieft, mit welligem Rand; anfangs filzig, der Filz sich später zu Schuppen entwickelnd oder eine glatte, glänzende Haut bildend oder letztere wiederum in Fasern oder Schuppen aufreißend; die Fasern fest angedrückt bis locker anliegend, die Schuppen eingedrückt oder mit aufsteigenden Spitzen; gelblich braun, rötlich braun, dattelbraun, düster olivbraun, offenbar mit zunehmendem Alter bläulich, bleifarben oder schwärzlich überzogen, mehr oder weniger dicht mit gelblichen Exkretionshäufchen oder Körnchen übersät, die Farbe des Fleisches an verletzten Stellen blaugrau hervortretend. Stiel 30–60 × 6–40 mm, voll, zylindrisch oder nach unten verjüngt, mit zugespitzter Basis etwas wurzelnd, filzig, später kahl oder in Schuppen aufreißend, (wie es scheint) anfangs blaß bräunlich purpurn, zuletzt dem Hut gleichfarbig. Stacheln bis 4 mm lang, 0,1–0,4 mm dick, mehr oder weniger weit herablaufend, gedrängt stehend, pfriemlich, purpurbraun. Fleisch (vermutlich) frisch anfangs rosarot oder blaß purpurn, später im Hut blaugrau bis blauviolett, im Stiel unverändert rötlich, in der Stielbasis graugrün oder trocken bisweilen graugelb. Geruch (wahrscheinlich) unangenehm. Geschmack scharf.

Hyphen des Hutes bis 23 μm breit, stark aufgeblasen, dünn- bis etwas dickwandig, verzweigt, septiert, ohne Schnallen. Basidien 29–36 × 6,5–7 μm, keulenförmig, basal ohne Schnalle, mit vier bis 5,4 μm langen Sterigmen. Sporen 5,4–6,5 × 4–4,7(–5,4) μm, von unregelmäßigem Umriß, höckerig (Höcker zahlreich, ziemlich grob, vorspringend, mit niedergedrücktem Scheitel bis paarig angeordnet), bräunlich. (Beschreibung nach spärlichen, den Funden beigegebenen Notizen und nach getrocknetem Material)

Unter Nadelbäumen (*Abies, Picea, Pinus*). Bekannt aus Norwegen, der Bundesrepublik Deutschland, der Tschechoslowakei, Italien und Griechenland.

Der Typus-Fundort Olaszi wurde in Kalchbrenner's Zeit als Ungarn zugehörig gerechnet, liegt jetzt aber in der Tschechoslowakei.

Die Beschreibung der Hutfarbe bedarf sicher der Überprüfung und Ergänzung, weil sie sich zum Teil auf dürftige Notizen stützt. Die Angabe der Fleischfarbe dagegen, zumal im Stiel, ist sehr wahrscheinlich richtig.

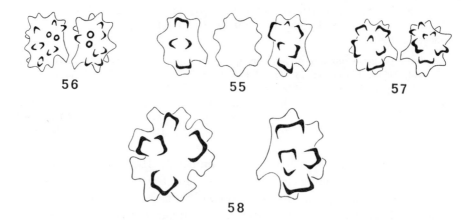

56   55   57

58

Abb. 55. *Sarcodon martioflavus* (3 Sporen), Schweiz: Uri, Maderanertal, Bristen,
6. Sept. 1970, R. A. Maas Geesteranus 15373 (L).
Abb. 56. *Sarcodon fuligineo-violaceus* (2 Sporen), Bundesrepublik Deutsch-
land: Württemberg, Schwäbische Alb, Zwiefalten, 19. Aug. 1970, H. Haas (L).
Abb. 57. *Sarcodon joeides* (2 Sporen), Niederlande: Drente, Dwingelo, 15. Aug.
1967, A. K. Masselink (L).
Abb. 58. *Sarcodon atroviridis* (2 Sporen), U.S.A.: North Carolina, Macon Co.,
Coweeta Hydrological Laboratory, 15. Aug. 1971, R. H. Petersen & al. (L).

Sporen, × 2800.

SARCODON JOEIDES (Pass.) Bat.
Abb. 57, Taf. 39 Abb. b, c, Taf. 40 Abb. a

Hydnum joeides Pass. *in* Nuovo G. bot. ital. 4: 157. 1872. — *Sarcodon joeides*
(Pass.) Bat. *in* Bull. trimest. Soc. mycol. Fr. 39: 205. 1924 (,,*ionides*"). — Holotypus:
,,*Hydnum jonides* Pass. [Handschrift Saccardos!] / In castaneto Collecchio / Pass."
(Herb. Saccardo, PAD).
Weitere Synonymie: MAAS GEESTERANUS (1967: 6).

Fruchtkörper einzeln stehend oder miteinander verwachsen. Hut frisch
bis etwa 120 mm im Durchmesser, regelmäßig kreisrund bis geteilt-
gelappt, flach gewölbt, später abgeflacht oder in der Mitte vertieft, am
Rand mehr oder weniger stark wellig, anfangs samtartig bis filzig, später
entweder eine glatte Huthaut bildend oder der Filz zu Schuppen
umgestaltet; Huthaut felderig oder schuppig aufreißend; Schuppen
angedrückt, locker anliegend bis aufsteigend, fein bis grob, faserig; die
Oberfläche blaß gelbbraun (,,café au lait"), gelegentlich mit einem leichten
lila Hauch, oder fleischfarben rosabraun, später rehbraun bis rötlichbraun,
mit dunkleren Schuppen, getrocknet meist fahler, mehr oder weniger
dicht mit gelblichen Exkretionshäufchen oder Körnchen übersät. Stiel
frisch 35–60 × 7–20 mm, voll, zylindrisch oder nach unten verjüngt, mit
zugespitzter Basis etwas wurzelnd, filzig, später kahl oder in Schuppen
aufreißend, zuerst weißlich, etwas purpurn überhaucht, später dem Hut
gleichfarbig oder unten graugrün- bis schwarzgrün-fleckig, getrocknet

fahler. Stacheln trocken bis 3 mm lang, 0,1–0,3 mm dick, herablaufend, gedrängt stehend, pfriemlich, erst blaß, zuletzt purpurbraun. Fleisch frisch zuerst schmutzig rosa bis rosa-lila, dann violett im Hut über den Stacheln und im Stiel, schließlich gänzlich violett, grau in der Stielbasis, trocken graugelb. Geruch nach Mehl. Geschmack etwas scharf und unangenehm, jedoch nicht bitter.

Hyphen des Hutes bis 22 μm breit, stark aufgeblasen, dünn- bis etwas dickwandig, verzweigt, septiert, ohne Schnallen. Basidien 27–38 $\times$ 6,5–7 μm, keulenförmig, basal ohne Schnalle, mit vier 4,5–5,4 μm langen Sterigmen. Sporen 5,4–5,8 $\times$ 3,6–4,2 μm, von unregelmäßigem Umriß, höckerig (Höcker zahlreich, ziemlich grob, vorspringend, mit niedergedrücktem Scheitel bis paarig angeordnet), bräunlich. (Beschreibung nach frischem und getrocknetem Material)

Unter Fagaceae (*Castanea, Fagus, Quercus*), meist Eiche. Sichere Funde sind mir bekannt aus Holland, Frankreich und Italien.

SARCODON Sektion VIRESCENTES Maas G.

Sarcodon Sektion *Virescentes* Maas G. *in* Verh. K. Ned. Akad. Wet., Afd. Natuurk., Tweede Reeks 60 (3): 119. 1971. — Typus-Art: *Sarcodon atroviridis* (Morgan) Banker.

Hut samtartig bis filzig, meist verkahlend, bisweilen auch schlanke, faserige Schuppen bildend. Der ganze Fruchtkörper sowohl außen wie innen beim Trocknen olivgrün, schwärzlich grün oder schwärzlich verfärbend. Geruch entweder unbekannt oder fehlend. Hyphen mit oder ohne Schnallen.

Die einzige europäische Art dieser Sektion ist *S. atroviridis*.

SARCODON ATROVIRIDIS (Morg.) Banker
Abb. 58, Taf. 40 Abb. b

Hydnum atroviride Morg. *in* J. Cincinn. Soc. nat. Hist. 18: 38, Taf. 1 Abb. 5. 1895. — *Phaeodon atroviridis* (Morg.) Earle apud Mohr, Pl. Life Alabama 205. 1901 (Literaturangabe nicht gesehen). — *Sarcodon atroviridis* (Morg.) Banker *in* Mem. Torrey bot. Club 12: 148. 1906. — Typus: nicht gesehen (Herb. Morgan). Weitere Synonymie: MAAS GEESTERANUS (1971: 119).

Fruchtkörper einzeln stehend. Hut 35 mm im Durchmesser, gewölbt, nicht konzentrisch gezont und ohne radiäre Markierung, ein wenig faserig, ziemlich dunkel olivgrün, stellenweise mit einem gelblichen Ton. Stiel 35 $\times$ 12–20 mm, voll, abwärts etwas verbreitert, mit zugespitzter Basis, filzig bis kahl, olivgrün. Stacheln etwa 1 mm lang (noch sehr jung), olivgrün. Fleisch gelblich olivgrün.

Hyphen des Hutes bis 18 μm breit, stark aufgeblasen, dünnwandig, verzweigt, septiert, mit Schnallen. Basidien basal mit Schnalle. Sporen noch nicht entwickelt. (Beschreibung nach getrocknetem Material)

SCHWEIZ

Kanton Obwalden: Okt. 1968, Fundort und Sammler unbekannt, von J. Breitenbach erhalten (L).

Die dürftige Beschreibung stützt sich auf ein halbes getrocknetes Exemplar, das viel zu jung und ohne weitere Notizen gesammelt wurde. Dennoch ist die Art durch ihre zwei Merkmale (olivgrüne Verfärbung und Schnallen an den Hyphen) unverkennbar charakterisiert. Sie wird hier zum ersten Mal für Europa festgestellt.

THE TERRESTRIAL HYDNUMS OF EUROPE

This chapter has been included in order to make the contents of the present book accessible in those countries where English is the mother tongue or the second language. It is not a literal translation of the German text, but it does contain the essentials required for the identification of the hydnums thus far recognized in Europe.

An important feature is the inclusion of surveys of the sections and all known species of the two most difficult genera—*Hydnellum* and *Sarcodon*. Although both genera have received continued attention both in Europe and North America, there exists no synthesis and, in fact, no easy means of identifying the species of either continent. The surveys should help pave the way to the distant goal (still beyond the horizon), a world monograph.

KEY TO THE GENERA

1. Spores brownish; deep brown in mass.
    2. Context tough, fibrillose, zoned: . . . . *Hydnellum*, 88
    2. Context fleshy, brittle, not zoned: . . . . *Sarcodon*, 100
1. Spores faintly coloured or colourless; ochraceous yellow or white in mass.
    3. Spores amyloid: . . . . *Auriscalpium*, 81
    3. Spores non-amyloid.
        4. Immature basidia cylindrical to clavate. Spores, if smooth, more than 3 μm broad.
            5. Spores verrucose to spinulose. Odour of fenugreek when dry.
                6. Context not zoned. Hyphae inflating: . . . . *Bankera*, 82
                6. Context zoned. Hyphae not inflating: . . . . *Phellodon*, 83
            5. Spores smooth: . . . . *Hydnum*, 87
        4. Immature basidia subglobose. Spores smooth, 2–3 μm broad:. . . .
            . . . . *Sistotrema confluens*, 86

AURISCALPIUM S. F. Gray (p. 13)

Basidiome pileate, stipitate. Pileus hairy to glabrous, cuticulate or not. Stipe solid, hairy to glabrous, cuticulate or not. Hymenium covering spines on underside of pileus. Context of pileus not zoned, imperfectly dimitic or monomitic. Generative hyphae more or less thin-walled, with clamps. Skeletals (or skeletal-like hyphae) thick-walled to almost solid. Oleiferous hyphae sometimes numerous. Basidia clavate, 4-spored, with basal clamp. Spores subglobose to ellipsoid, spinulose to verrucose or smooth, colourless, amyloid. Gloeocystidia numerous.

On fallen cones of conifers, on wood, gramineous root-stocks or among moss.

Auriscalpium vulgare S. F. Gray (p. 13)
Figs. 1, 2 (p. 20)

Basidiomes simple, proliferating or concrescent. Pileus up to 20 mm across, supported subapically by a stipe from a notch on its side, more rarely seemingly centrally stipitate, reniform, plano-convex, not zoned, villose to hispid, glabrescent, pale yellowish brown, pinkish brown, dark brown. Stipe 10–140 ×1–2 mm, cylindrical or tapering above, often with swollen base (–7 mm), hispid, dark brown. Spines up to 3 mm long, 0.1–0.2 mm broad, brownish flesh colour, then bluish grey, white-pruinose from ripening spores. Context c. 0.5 mm thick, tough, not zoned, white, bounded above by black line, abruptly passing into tomentum and bristles.

White part of context dimitic. Generative hyphae 1.8–2.2 μm wide; skeletal hyphae 2–3.6 μm wide. Basidia 15–24 ×5–6.5 μm. Spores 4.5–5.5 ×3.5–4.5 μm, spinulose.

On fallen cones of *Pinus*, more rarely of *Picea*.

Bankera Coker & Beers ex Pouz. (p. 14)

Basidiome pileate, stipitate. Pileus covered with tomentum which on collapse turns into a smooth pellicle or breaks up into scales. Stipe solid, felted, glabrescent. Hymenium covering spines on underside of pileus. Spines eventually greyish. Context of pileus fleshy to toughish, not zoned, monomitic, made up of generative hyphae, with odour of fenugreek when dried. Hyphae inflating, without clamp-connections. Basidia clavate, 4-spored, without basal clamp. Spores subglobose to ellipsoid, finely tubercular to spinulose, colourless. Cystidia absent.

Terrestrial.

Two European species (a third in North America).

KEY TO THE SPECIES

1. Pileus at first tomentose, glabrescent, rarely with appressed squamules, always covered with partly embedded dirt or vegetable debris. Growing in dry *Pinus* woods: . . . . *B. fuligineo-alba*, 82
1. Pileal tomentum breaking up into conspicuous scales, always clean. Associated with *Picea*: . . . . *B. violascens*, 83

Bankera fuligineo-alba (Schmidt ex Fr.) Pouz. (p. 15)
Pl. 1

Pileus (fresh) up to 150 mm across (80 mm when dry), neither concentrically zoned nor radiately wrinkled; surface finally matted, more rarely pitted or with appressed squamules, always covered with vegetable debris, at first white, gradually becoming yellow-brown, brownish flesh colour, reddish brown or dark brown. Stipe 10–50 ×8–25 mm, usually simple, brownish except for conspicuous white zone just below spines. Spines up to 6 mm long, 0.2–0.6 mm broad, white, then silvery grey to ash grey (pink to salmon when dried immature). Context (fresh) up to 15 mm thick (6 mm when dried), whitish in pileus, occasionally suffused with pink hue, turning yellowish brownish with age, grey-brown in stipe.

Hyphae 3.5–16 μm wide. Basidia 27–35 $\times$4.5–5.5 μm. Spores 4.7–5.4 $\times$ 2.7–3.6 μm, verrucose-spinulose (spinulae numerous, short, acute).

In dry *Pinus* woods with or without undergrowth.

Bankera violascens (Alb. & Schw. ex Fr.) Pouz. (p. 16)
Fig. 3 (p. 20), Pls. 2, 3

Pileus (fresh) up to 170 mm across (80 mm when dry), at first tomentose, occasionally somewhat concentrically zoned, soon breaking up into conspicuous scales; scales concentrically arranged, short, broad, appressed to loosely adhering, or irregularly and deeply lacerated, more or less curled up, somewhat shiny; surface always clean; white, then yellowish grey with purple shade, brownish flesh colour or purplish brown (more drab when dried). Stipe 25–120 $\times$7–25 mm, usually concrescent to variously branched, tapering below, becoming reddish brown to purplish brown from base upwards, rarely with whitish zone below spines. Spines up to 6.5 mm long, 0.2–0.6 mm broad, white, then silvery grey to ash grey (salmon when dried immature). Context (dry) up to 1 mm thick, whitish to lilaceous grey in pileus, reddish grey to purplish brown in stipe.

Hyphae 2.7–22.5 μm wide. Basidia c. 27 $\times$5.5–6.3 μm (immature). Spores 4.5–5.4 $\times$4.3–4.5 μm, spinulose (spinulae numerous, short, acute).

In coniferous or mixed woods, always associated with *Picea*.

Phellodon P. Karst. (p. 18)

Basidiome pileate, stipitate. Pileus originally tomentose, then radiately fibrillose or matted or radiately ridged to scaly or scrobiculate, white to olivaceous or brown in various shades to almost black. Stipe solid, either thickly tomentose and binding vegetable debris, or apparently glabrous and clean, concolorous with pileus or darker. Hymenium covering spines on underside of pileus. Spines eventually greyish. Context fibrous, soft or firm to woody, homogeneous or duplex, zoned, monomitic, made up of generative hyphae. Odour of fenugreek when dried. Hyphae not inflating, thin-walled, branched, septate, without clamp-connections (one exception in North America). Basidia clavate, 4-spored, without basal clamp. Spores subglobose to broadly ellipsoid, spinulose, colourless, white in mass. Cystidia absent.

Terrestrial.

Four European species.

1. Surface of stipe (at least below) thickly tomentose; context conspicuously duplex.
    2. Core of stipe woody, almost black, very much different from tomentum; thin slice of core tissue staining blue-green in KOH: . . *P. niger*, 85
    2. No woody core in stipe, central part of context not much tougher than tomentum, concolorous with this tissue or somewhat darker; thin slice of context not or only faintly staining blue-green in KOH.
        3. Pileus usually without concentric corrugations and colour zones; usually growing in deciduous woods; spores 3.5–4.5 µm long: . .
        . . . . *P. confluens*, 84
        3. Pileus usually with concentric corrugations and/or colour zones; usually growing in coniferous woods; spores 3.1–3.6 µm long: . .
        . . . . *P. tomentosus*, 85
1. Surface of stipe smooth, hard, glabrous; context not duplex.
    4. Context of both pileus and stipe with purplish or slate grey shades; thin slice staining green in KOH: . . . . *P. melaleucus*, 84
    4. Context pallid or brownish yellow in pileus, somewhat darker to grey-brown in stipe; thin slice not staining green in KOH: *P. tomentosus*, 85

PHELLODON CONFLUENS (Pers.) Pouz. (p. 19)
Fig. 4 (p. 20), Pl. 4 figs. a–d

Basidiomes mostly concrescent. Pileus (fresh) up to 60 mm across, plane to depressed, somewhat colliculose or covered with excrescences; at first thickly tomentose, then in centre scrupose to scrobiculate, more rarely matted (and shiny when dry), without or with inconspicuous concentric corrugations and colour zones, towards margin occasionally radiately fibrillose (fibrils innate or somewhat raised) or fibrillose-scaly; margin long woolly-tomentose; originally white, then from centre outwards grey, yellow-brown, grey-brown to dark brown. Stipe (fresh) 10–20 × 5–15 mm (thinner when dry), cylindrical or tapering below or barrel-shaped; somewhat fibrillose to almost glabrous above, cottony to thickly tomentose below, later matted; white, then yellow-brown to grey-brown. Spines up to 2 mm long, 0.1–0.2 mm broad, white, then grey often tinged violet. Context (fresh) about 5 mm thick and locally duplex in pileus, conspicuously duplex in stipe, white to pallid in pileus margin, grey-brown towards pileus centre, darker in stipe.

Hyphae 2.5–5 µm wide. Basidia 20–30 ×5–7 µm. Spores 3.5–4.5 × 3–4 µm.

Growing under Fagaceae (*Fagus, Castanea*, mostly *Quercus*), more rarely in mixed woods with *Pinus* or *Picea*.

PHELLODON MELALEUCUS (Sw. apud Fr. ex Fr.) P. Karst. (p. 20)
Fig. 5 (p. 20), Pl. 4 fig. e, Pl. 5 figs. a–c

Basidiomes mostly concrescent. Pileus (fresh) up to c. 35 mm across, usually depressed or infundibuliform, often in centre asperate, scrupose or scrobiculate; at first velutinous to thinly felted, then radiately fibrillose, wrinkled or ridged, more or less clearly concentrically corrugated, more rarely with concentric colour zones; originally white, then ash grey, leaden grey, blue-grey, bluish black, reddish black, yellow-brown, brownish flesh colour, copper-coloured red-brown, purplish brown or black-brown. Stipe (fresh) 10–20 ×1–5 mm (hardly thinner when dry), cylindrical or flattened, fibrillose (not tomentose) or glabrous, occasionally with arachnoid fibrils below, dark brown to black-brown. Spines up to 2 mm long, 0.1–0.2 mm broad, white, then grey. Context (fresh) 1–2 mm thick in pileus, not duplex in either pileus or stipe, grey-brown with slate grey to purplish shades.

Hyphae 2.5–5 μm wide. Basidia 18–28 ×5–6 μm. Spores 3.6–4.5 ×3–4 μm. Growing in deciduous as well as in coniferous woods.

PHELLODON NIGER (Fr. ex Fr.) P. Karst. (p. 21)
Pl. 5 figs. d, e, Pl. 6 figs. a, b

Basidiomes mostly concrescent. Pileus (fresh) up to c. 50(–70) mm across, usually depressed to infundibuliform; at first thickly tomentose, then entire surface becoming scrupose-lamellate or only centre scrobiculate or uneven, occasionally producing secondary pileoli; farther outwards with concentric corrugations and colour zones, radiately ridged, fibrillose-scaly or fibrillose, more rarely partly matted or nearly glabrous (shiny when dry); margin glabrescent; originally sometimes violet-blue, usually whitish or pale grey with or without lilaceous shade, in centre soon turning blackish or purplish black, paling yellow-grey or olivaceous yellow-grey, mostly concentrically zoned with black (more drab after a while in the herbarium). Stipe (fresh) 10–50 ×6–20 mm (somewhat shrinking on drying), cylindrical, barrel-shaped or bulbous below, arising from common mycelial pad or rooting, thickly velutinous or felted to matted, at first black, drying ash grey to grey-brown, often with olivaceous shade. Spines c. 3 mm long, 0.1–0.2 mm broad, blue-grey, then white, finally grey. Context (fresh) conspicuously duplex both in pileus and stipe, tomentum of pileus disappearing with age; core corky to woody, black (dark slate grey when dry), tomentum concolorous with surface.

Hyphae 2–5,5 μm wide. Basidia 20–30 ×4–7 μm. Spores 3.6–4.5 × 2.7–3.5 μm.

Growing in deciduous, coniferous, and mixed woods.

PHELLODON TOMENTOSUS (L. ex Fr.) Banker (p. 23)
Fig. 6 (p. 20), Pl. 6 figs. c, d

Basidiomes mostly concrescent. Pileus (fresh) up to c. 40 mm across, plane to depressed; at first tomentose, then radiately fibrillose, fibrillose-scaly, wrinkled or ridged, more or less concentrically corrugated, sometimes

pitted or asperate in centre, rarely with matted and featureless surface;
originally white, then yellow-brown or yellowish grey-brown, with or
(more rarely) without concentric darker colour zones, finally a deep warm
brown to black-brown. Stipe (fresh) 5–40 × 2–8 mm (somewhat shrinking
on drying), cylindrical to irregularly flexuous or flattened, arising from
common mycelial pad or rooting, fibrillose (not tomentose) to smooth
and glabrous, more rarely matted below, yellow-brown to dark brown.
Spines 2 mm long, 0.1–0.2 mm broad, white, finally grey (frequently
flesh colour when dried immature). Context (fresh) 1–2 mm thick and
inconspicuously or not duplex in pileus, rarely duplex near base of stipe,
pallid near margin of pileus, yellow-brown in centre, brown in stipe.

Hyphae 2.7–5 μm wide. Basidia 22–24 × 3.5–5 μm. Spores 3.1–3.6 ×
2.7–3 μm.

Growing in coniferous and mixed woods.

SISTOTREMA Fr. (p. 24)

Basidiome effused or effused-reflexed, more rarely consisting of pileus
and stipe, arachnoid to more or less waxy or membranaceous, white or
pale. Hymenophore smooth, poroid, lamellate or hydnoid. Context soft,
fragile, whitish, monomitic, made up of generative hyphae. Hyphae
thin-walled, branched, septate, sometimes with onion-shaped inflations
at the septa, with or without clamp-connections. Basidia at first globose,
later urniform, (4–)6–8-spored. Spores subglobose to almost cylindrical,
smooth, colourless, non-amyloid. Cystidia absent.

Growing on dead vegetable matter.

The only species treated here is the type species of the genus.

SISTOTREMA CONFLUENS Pers. ex Fr. (p. 25)
Figs. 7, 8 (p. 20)

Basidiomes mostly concrescent, often effused. Pileus, if present, up to
c. 20 mm across, mostly more or less flabelliform, somewhat concentrically
corrugated, inconspicuously radiately wrinkled, tomentose, glabrescent,
somewhat shiny, white, turning yellowish to brownish orange when bruised
or with age. Stipe 0–10 × 0–2 mm, usually lateral, cylindrical or tapering
downwards, tomentose, glabrescent, concolorous with pileus. Hymenophore
consisting of reticulately connected plates, short tubes, flexuous lamellae
or spines; the latter up to c. 1 mm long, whitish to yellowish. Context
c. 1 mm thick, soft, fragile, white, occasionally showing orange-yellow
line over spines. Odour rancid, resinous, sweetish, disagreeable.

Hyphae 2–3 μm wide, with onion-like inflations up to 7 μm. Basidia
12–20 × 4–7 μm. Spores 3.5–4.5 × 2–3 μm.

Overgrowing fallen needles and other vegetable debris in coniferous
and mixed woods.

HYDNUM L. ex Fr. (p. 26)

Basidiome pileate, stipitate. Pileus velutinous to felted, later matted or glabrescent, rarely breaking up into scales, whitish, yellowish, orange in various shades or reddish buff. Stipe solid, felted, glabrescent, concolorous with pileus or paler. Hymenium covering spines on underside of pileus. Spines whitish, pale to deep salmon. Context fleshy, not duplex, not zoned, monomitic, made up of generative hyphae. Hyphae inflating, thin-walled, branched, septate, with clamp-connections. Basidia cylindrical-clavate, with basal clamp, (3–)4–5(–6)-spored. Spores subglobose or obovate, smooth, colourless, white to ochraceous in mass, non-amyloid. Cystidia absent.

Terrestrial or occasionally on decayed wood.

Two species are commonly recognized in Europe, but clear-cut differences between the two are hard to find.

KEY TO THE SPECIES

1. Basidiomes usually large and heavy. Pileus with pale colours. Stipe usually excentric. Spines frequently leaving bare area round apex of stipe:. . .
. . . . *H. repandum*, 87
1. Basidiomes usually small and slender. Pileus deeply coloured. Stipe usually central. Spines frequently somewhat decurrent: . . . . . . *H. rufescens*, 87

HYDNUM REPANDUM L. ex Fr. (p. 27)
Pls. 7, 8

Basidiomes usually simple. Pileus (fresh) up to c. 170 mm across, plano-convex to depressed; at first velutinous, then felted or glabrescent, without scales; whitish, yellowish, pale flesh colour, pale salmon, sometimes bleached to greenish. Stipe 35–75 ×15–40 mm, central or (usually) excentric, cylindrical, tomentose, glabrescent, white, turning yellow at base and when bruised. Spines up to 6 mm long, 0.2–0.3 mm broad, whitish to salmon. Context soft in pileus, firmer in stipe, white, turning yellowish. Odour agreeable. Taste somewhat acrid after mastication.

Hyphae up to 25 μm wide. Basidia 35–50 ×5–8 μm. Spores 6.5–9 × 5.5–7 μm.

Growing in deciduous as well as in coniferous woods.

HYDNUM RUFESCENS Fr. (p. 28)
Pl. 9

Basidiomes simple to concrescent. Pileus (fresh) up to c. 70 mm across, plano-convex to depressed; velutinous to felted or glabrescent, more or less wrinkled, more rarely breaking up into small scales; ochraceous orange-yellow or a vivid orange-brown. Stipe (fresh) 20–70 ×2–15 mm, usually central, cylindrical or with broadened base, tomentose, glabrescent, whitish, pale flesh colour or yellowish orange, turning yellow when bruised. Spines up to 5 mm long, 0.2–0.3 mm broad, yellowish orange to salmon. Context fairly soft, pale flesh colour, turning yellow. Odour and taste not recorded.

Hyphae up to c. 20 μm wide. Basidia 35–45 ×6–9 μm. Spores 6.5–8.5 × 5.5–7 μm.

Growing in deciduous and coniferous woods.

HYDNELLUM P. Karst. (p. 29)

Basidiome pileate, stipitate. Pileus at first velutinous, then felted, matted, fibrillose, scaly, ridged, lamellate, pitted or scrupose; white, yellow, orange, orange-red, brown, purplish brown, more rarely blue. Stipe solid, tomentose, concolorous with pileus or not. Hymenium covering spines on underside of pileus. Spines purplish brown at maturity. Context fibrillose, soft or tough, corky to woody, more or less duplex, zoned, variously coloured, monomitic, made up of generative hyphae. Odour never of fenugreek when dried. Hyphae usually not inflating, thin- to thick-walled, branched, septate, with or without clamp-connections. Basidia clavate, with or without basal clamp, 4-spored. Spores of irregular outline, warted, tubercular or (more rarely) spinulose, brownish, brown in mass. Cystidia absent.

Terrestrial.

Thus far 16 species are known to occur in Europe, distributed over six sections.

KEY TO THE SECTIONS

1. Hyphae without clamp-connections.
    2. Context of pileus whitish, pallid or orange; a thin slice remaining unchanged in KOH solution or only staining greenish.
        3. Context pallid in pileus, brownish in stipe. Basidiome without orange or orange-brown shades outside. Taste acrid: . . . . Section *Palliditextum*, 93
        3. Context whitish to orange in pileus, orange-brown to ferruginous in stipe. Basidiome with orange or orange-brown shades outside. Taste mild: . . . . Section *Aurantiaca*, 90
    2. Context of pileus pinkish, pinkish brown or purplish brown; a thin slice of the more strongly coloured part immediately staining dark violet in KOH solution, equally quickly turning olive green: . . . . Section *Velutina*, 94
1. Hyphae with clamp-connections.
    4. Basidiome without blue colours either outside or inside.
        5. Context of pileus yellow-green to grey-green. Taste farinaceous or none: . . . . Section *Viriditextum*, 100

SYNOPSIS OF THE SPECIES

1. Section *Acerbitextum* Maas G. (p. 90): *H. peckii* Banker apud Peck.

2. Section *Aurantiaca* Pouz. (p. 90): *H. alachuanum* (Murr.) Coker & Beers, *H. aurantiacum* (Batsch ex Fr.) P. Karst., *H. auratile* (Britz.) Maas G., *H. caeruleum* (Hornem. ex Pers.) P. Karst., *H. chrysinum* K. Harrison (1964: 1223), *H. complectipes* Hall (Hall & Stuntz, 1972c: 573), *H. crustulinum* Maas G. (1971: 91), *H. earlianum* Banker, *H. ferrugipes* Coker, *H. fraudulentum* Maas G. (1971: 95), *H. humidum* (Banker apud V. S. White) Banker, *H. septentrionale* K. Harrison (1964: 1224).

A further species of this section may be *H. conigenum* (Peck) Banker, discussed by Harrison (1968: 231).

3. Section *Hydnellum* (p. 92): *H. cruentum* K. Harrison (1961: 37), *H. cyanopodium* K. Harrison (1964: 1221), *H. scleropodium* K. Harrison (1964: 1219), *H. suaveolens* (Scop. ex Fr.) P. Karst.

4. Section *Palliditextum* Maas G. (p. 93): *H. compactum* (Pers. ex Fr.) P. Karst., *H. mirabile* (Fr.) P. Karst., *H. piperatum* Coker ex Maas G. (1963: 476), *H. singeri* Maas G. (1969: 219).

5. Section *Velutina* Pouz. (p. 94): *H. coalitum* Maas G. (p. 95), *H. concrescens* (Pers. ex Schw.) Banker, *H. cumulatum* K. Harrison (1964: 1225), *H. cyanodon* K. Harrison (1964: 1222), *H. ferrugineum* (Fr. ex Fr.) P. Karst., *H. gracilipes* (P. Karst.) P. Karst., *H. multiceps* K. Harrison (1961: 45), *H. papuanum* Maas G. (1971: 102), *H. scrobiculatum* (Fr. ex Secr.) P. Karst., *H. spongiosipes* (Peck) Pouz., *H. staurastrum* Maas G. (1971: 106), *H. tardum* Maas G. (p. 98).

6. Section *Viriditextum* Maas G. (p. 100): *H. geogenium* (Fr.) Banker.

Hydnellum regium K. Harrison (1964: 1231), as judged by the type material I have seen, has two features in common with *H. geogenium* — the olive green colour of the pileus and the irregular distribution of the clamps (not present at all septa of the hyphae of the pileus, lacking in the hymenial region). It differs, however, in the upper part of the context of the pileus shading to dark ink blue, and in the orange-brown base of the stipe. Whether or not these differences carry sufficient weight to exclude *H. regium* from Section *Viriditextum*, I very much hesitate to decide.

Apart from the two species briefly indicated above (*H. conigenum* and *H. regium*), there are two others (*H. frondosum* K. Harrison, 1961: 44 and *H. subzonatum* K. Harrison, 1961: 37) which do not seem to fit any of the described sections without disturbing their homogeneity. Although I have seen the types, I must leave it to others to find a solution.

HYDNELLUM sect. **Acerbitextum** Maas G., *sect. nov.*[10]

Caro in pileo pallida vel roseobrunnea, opere KOH haud violascens, gustu acri. Hyphae fibulis munitae. — Typus sectionis: *Hydnellum peckii* Banker apud Peck.

Context of pileus pallid to pinkish brownish, not staining violet in KOH solution. Taste acrid. Hyphae of pileus with clamp-connections. — Type species: *Hydnellum peckii* Banker apud Peck.

HYDNELLUM PECKII Banker apud Peck (p. 31)
Fig. 9 (p. 36), Pl. 10

Basidiomes simple to concrescent. Pileus up to c. 65 mm across, plano-convex to depressed, rarely smooth, usually uneven to colliculose or ridged to scrobiculate in centre, radiately fibrillose-scaly farther outwards, with or without concentric zones; at first velutinous (in this stage not infrequently covered with red droplets), then matted or fibrillose; originally white, then pale vinaceous or brownish pink, from centre outwards turning red-brown, purplish brown or black-brown, occasionally also bluish grey, not infrequently with some concentric colour zones, when dry more or less covered with pustules or dots of yellowish crystalline matter. Stipe 5–60 ×5–20 mm, cylindrical to fusiform, velutinous, then matted, finally concolorous with pileus. Spines up to 4.5 mm long, 0.1–0.2 mm broad, white, then fairly pale purplish brown. Context up to 10 mm thick near centre of pileus, duplex both in pileus and stipe (but pileal tomentum soon collapsed), pallid, pinkish brownish to pale brownish (without purplish hue), spotted with elongate yellowish dots, darker in stipe, blackish-spotted (best seen when dry). Taste acrid.

Hyphae 2.5–6.3 μm wide. Basidia 25–30 ×6–7 μm. Spores 4.9–5.4 × 3.8–4 μm.

In coniferous woods (*Picea, Pinus*).

HYDNELLUM sect. AURANTIACA Pouz. (p. 32)

Context in stipe orange-brown or brown in various shades but not purplish brown and not staining violet in KOH solution. Odour not particular. Hyphae without or with clamp-connections.

KEY TO THE SPECIES

1. Context of pileus without blue zones. Hyphae without clamp-connections.
   2. Context whitish in pileus, dingy orange to orange-brown in stipe. Pileus without concentric, dark fibrillose scales: . . . . . *H. aurantiacum,* 91

---

[10] Etymology: *acerbus,* sharp, acrid; *textum,* tissue.

HYDNELLUM AURANTIACUM (Batsch ex Fr.) P. Karst. (p. 33)
Figs. 10, 11 (p. 36), Pl. 11, Pl. 12 figs. a, b

Basidiomes simple to concrescent. Pileus up to 100 mm across, convex
to depressed, infundibuliform when old, usually uneven to somewhat
colliculose, radiately wrinkled or folded or ridged towards margin, or
entire surface variously scrupose, not infrequently finally with secondary
lobes or pileoli developing from centre; at first velutinous, then felted,
matted or glabrescent; originally white, then turning yellow, orange,
orange-brown, grey-brown or dark brown in various shades, particularly
in older stages with concentric paler colour zones. Stipe 15–100 ×3–18 mm,
cylindrical to fusiform or with broadened base, velutinous to woolly or
matted, yellowish orange to orange-brown, rarely dark brown. Spines up
to 5 mm long, 0.1–0.4 mm broad, whitish, finally purplish brown. Context
up to 10 mm thick near centre of pileus, duplex in stipe, whitish to dingy
yellowish in pileus (rarely with orange tongues reaching up from below),
often zoned with concentric black lines, dingy orange to orange-brown
in stipe.

Hyphae 2.5–6.5 μm wide, without clamps. Basidia 33–37 ×6.5–7 μm.
Spores (5.8–)6–6.7 ×(4–)4.3–4.9 μm.

In coniferous and mixed woods.

HYDNELLUM AURATILE (Britz.) Maas G. (p. 34)
Fig. 12 (p. 36), Pl. 12 figs. c–e

Basidiomes usually concrescent. Pileus up to c. 40 mm across, depressed
to infundibuliform, rarely smooth, usually somewhat scrupose in centre
or radiately ridged or with superimposed secondary pileoli, finally
concentrically corrugated and radiately fibrillose-wrinkled, occasionally
somewhat shiny; at first velutinous, then with concentrically arranged,
narrow, acute, dark reddish brown to blackish fibrillose squamules;
originally a vivid orange-yellow to orange-brown, then with bleached
centre and concentric zones, occasionally with black stains. Stipe 10–40 ×
2–15 mm, cylindrical or ventricose below, with more or less acute base,
velutinous, felted or matted, concolorous with pileus or more brown.
Spines up to 2.5 mm long, 0.1–0.2 mm broad, ochraceous yellow to
brownish orange, finally purplish brown. Context up to c. 2 mm thick
near centre of pileus, somewhat duplex in stipe, of a vivid orange-brown
throughout, sparingly zoned with blackish lines.

Hyphae 2.5–7 μm wide, without clamps. Basidia 25–30 ×6–8 μm. Spores 4.9–5.8 ×3.6–4.5 μm.

In coniferous and mixed woods.

HYDNELLUM CAERULEUM (Hornem. ex Pers.) P. Karst. (p. 35)
Figs. 13, 14 (p. 36), Pls. 13, 14

Basidiomes simple or concrescent. Pileus up to 110 mm across, convex to depressed, smooth, uneven, colliculose, scrobiculate, usually without radiate markings, occasionally with a shallow concentric groove when old; at first velutinous, then matted or with reticulate markings; originally blue in various shades (drying pale blue-grey or violet-grey), soon white, then turning brown to dark brown. Stipe 15–60 ×10–25 mm, cylindrical or tapering below, more commonly ventricose or irregularly shaped, velutinous to matted, yellow-orange to orange-brown, more rarely ferruginous. Spines up to 5 mm long, 0.1–0.2 mm broad, at first bluish, then white, brownish, finally purplish brown. Context up to 15 mm thick near centre of pileus, duplex in pileus and stipe (tomentum gradually disappearing in pileus), bluish grey in pileus, then white to pale brownish orange and zoned with bluish lines, pale to vividly orange-brown in stipe.

Hyphae 2.5–5.5 μm wide, with scattered clamps in the older hyphae. Basidia 27–36 ×4.5–6.5 μm. Spores 5.4–6(–6.3) ×3.4–4.3 μm.

Mostly in coniferous woods (*Picea, Pinus*), more rarely in deciduous woods (*Fagus*).

HYDNELLUM sect. HYDNELLUM (p. 37)

Context in base of stipe blue, at least when young. Odour penetrating. Hyphae with clamp-connections. Spores with few and broadly rounded tubercles.

HYDNELLUM SUAVEOLENS (Scop. ex Fr.) P. Karst. (p. 37)
Fig. 15 (p. 40), Pl. 15, Pl. 16 fig. a

Basidiomes simple or concrescent. Pileus up to 120 mm across, convex to depressed, mostly conspicuously radiately wrinkled, with concentric corrugations and colour zones, or entire surface irregularly colliculose-scrobiculate or scrupose; at first velutinous, then matted, finally innate fibrillose or fibrillose-squamulose; originally delicately blue, soon white, then ochraceous yellow, yellow-brown, umber brown, often with olivaceous hue, finally concentrically zoned or spotted black. Stipe 30–60 ×10–25 mm, cylindrical or fusiform, velutinous, felted or matted, delicately violet-grey to violet-blue or violet-black, occasionally spotted olive yellow. Spines up to 4 mm long, 0.1–0.2 mm broad, delicately blue-grey, soon white, finally purplish brown. Context up to c. 5 mm thick, whitish, zoned with delicately blue-grey or violet-blue lines. Odour of cumarine when dry.

Hyphae 2.5–6.3 μm wide. Basidia 22.5–27 ×5.5–6.5 μm. Spores 4–5 × 3–3.6 μm.

In coniferous (*Picea*), more rarely mixed woods.

HYDNELLUM sect. **Palliditextum** Maas G., *sect nov.*[11]

Caro in pileo pallida vel pallide flavobrunnea, saltem initio, gustu acri. Hyphae fibulis carentes. — Typus sectionis: *Hydnellum compactum* (Pers. ex Fr.) P. Karst.

Context of pileus pallid to pale yellow-brown, at least initially. Taste acrid. Hyphae without clamp-connections. — Type species: *Hydnellum compactum* (Pers. ex Fr.) P. Karst.

KEY TO THE SPECIES

1. Context compact, heavy, little or not duplex in pileus. Spores with numerous tubercles (Fig. 16). Growing under *Quercus, Fagus* or *Castanea* . . . . *H. compactum*, 93
1. Context loosely constructed, light, conspicuously duplex in pileus. Spores with fewer tubercles (Fig. 17). Growing under *Pinus* or *Picea*: *H. mirabile*, 94

HYDNELLUM COMPACTUM (Pers. ex Fr.) P. Karst. (p. 39)
Fig. 16 (p. 40), Pl. 16 figs. b, c, Pl. 17 fig. a

Basidiomes simple or concrescent. Pileus up to 75 mm across, convex to somewhat depressed; at first velutinous or woolly (in this stage once found covered with red-brown drops), then shallowly to reticulately pitted or reticulately hispid, without concentric or radiate markings; originally white, then yellowish or dingy ochraceous yellow, often with olivaceous hue, finally yellow-brown to dark brown. Stipe 15–70 ×10–30 mm, sometimes hardly developed, cylindrical or tapering below, velutinous, felted or almost glabrous, concolorous with pileus or darker. Spines up to 4 mm long, 0.1–0.4 mm broad, whitish, finally purplish brown. Context up to 20 mm thick near centre of pileus, duplex or not (tomentum of pileus usually much thinner than firm flesh), pallid to pale yellowish sepia brown, darker or more olivaceous in stipe. Odour farinaceous. Taste acrid, then bitter.

Hyphae 2.5–13.5 μm wide, inflating in some places. Basidia 36–40 × 7–9 μm. Spores 5.4–6.3 ×3.6–4.5 μm.

Growing under Fagaceae, mostly *Quercus*.

---

[11] Etymology: *pallidus,* pale, pallid; *textum,* tissue.

HYDNELLUM MIRABILE (Fr.) P. Karst. (p. 40)
Fig. 17 (p. 40), Pl. 17 fig. b,   Pl. 18 fig. a

Basidiomes simple or concrescent. Pileus up to 90 mm across, plano-convex to depressed, occasionally somewhat colliculose; at first velutinous to somewhat woolly, then hispid or pitted or forming a woolly-matted surface from which emerge long, flexuous hairs made up of agglutinated hyphae; originally sulphur yellow (pale yellowish when dry), then ochraceous yellow, olive brown, dark brown. Stipe 10–30 ×5–20 mm, sometimes hardly developed, cylindrical or tapering below, tomentose, whitish, then olive brown. Spines up to 5 mm long, 0.1–0.3 mm broad, yellowish, finally purplish brown. Context up to 15 mm thick near centre of pileus, duplex (tomentum of pileus usually much thicker and darker than firm flesh), pallid to pale brownish. Odour farinaceous. Taste not noted.

Hyphae 2.7–11 μm wide, inflating in some places. Basidia 28–33 × 5.5–6.5 μm. Spores 5.6–5,8 ×4.5 μm.

In coniferous woods (*Picea, Pinus*).

HYDNELLUM sect. VELUTINA Pouz. (p. 42)

Context brown, red-brown, purplish brown, at least in stipe; a thin slice placed in a drop of KOH immediately staining dark violet, equally quickly turning olive green. Odour farinaceous. Hyphae without clamp-connections.

KEY TO THE SPECIES

1. Pileus with conspicuous radiate markings.
    2. Spores tubercular; tubercles coarse, with exsculpate apices.
       3. Pileal tomentum originally white. Pileus usually with concentric colour zones. Immature spines pinkish brown when fresh: . . . .
       . . . . *H. concrescens,*   95
       3. Pileal tomentum originally delicately pinkish brown or vinaceous brown. Pileus without concentric colour zones. Immature spines pale purplish or violet when fresh: . . . . *H. tardum,*   98
    2. Spores spinulose or with rounded warts.
       4. Spores spinulose, 4.3–5.6 μm long: . . . . *H. cumulatum,*   96
       4. Spores with rounded warts, 5.6–7 μm long: . . *H. scrobiculatum,*   97
1. Pileus without conspicuous radiate markings (occasional radiate grooves demarcating the lobes of a pileus do not count).
    5. Spores more than 5 μm long.
       6. Pileus (very young stages excepted) pinkish brownish to red-brown, staining dark red-brown when bruised.
          7. In coniferous woods. Tubercles of the spores with moderately exsculpate apices: . . . . *H. ferrugineum,*   96
          7. In deciduous woods. Tubercles of the spores with deeply indented apices, or spores almost spinulose: . . . . . *H. spongiosipes,*   98
       6. Pileus grey with yellow-brown shade, isabella, not staining red-brown when bruised: . . . . *H. coalitum,*   95
    5. Spores less than 5 μm long. Basidiome soft throughout: *H. gracilipes,*   97

Hydnellum coalitum Maas G., *spec. nov.*[12]
Fig. 18 (p. 46), Pl. 18 fig. b

Basidiomata concrescentia. Pileus usque ad 40 mm diam., e plano-convexo depressus, primo aequatus et crebre velutinus, postea subconfragosus et minute scruposus, azonatus haud radiatus, e pallide bubalino isabellinus vel subumbrinus, centro aetate asper pertususve atque fuligineus vel fusconiger. Stipes 18–30 × 6–10 mm, cylindraceus vel deorsum subincrassatus, ruderis obtectus, copiose molliterque velutinus, pallide testaceus. Aculei usque ad 3 mm longi, 0.1–0.2 mm lati, decurrentes, conferti, subulati, postremo purpureo-brunnei. Caro in pilei centro usque ad 10 mm crassa, inconspicue duplex, pallide purpureo-brunnea, in stipite conspicue duplex. Hyphae 2.7–6.5 μm latae, haud inflatae, parietibus tenuibus vel modice incrassatis instructae, ramosae, septatae, fibulis carentes. Basidia 22–25 × 6.5–7 μm (immatura), clavata, efibulata. Sporae 5.4–6.3 × 3.8–4.5 μm, grosse tuberculatae (tubercula sat numerosa, prominentia, apicibus plus minusve applanatis), brunneolae (vidi siccum).

Holotypus: "France, Jura, entre Billiat et Lhopital sur la [route] N 491. Sous *Pinus silvestris* sur calcaire vers 500 m d'altitude. 28 octobre 1969. V. Demoulin" (LG 106); isotypus in L.

Basidiomes concrescent. Pileus up to 40 mm across, at first plano-convex, then depressed, originally smooth and densely velutinous, later with low swellings and pitted or finely scrupose, without concentric zones or radiate markings, pale buff, isabella to more or less umber in older parts, in centre with age rough or with occasional holes, sooty to black-brown. Stipe 18–30 × 6–10 mm, cylindrical or somewhat widened below, thickly and softly velutinous, holding various bits of debris, pale terracotta. Spines up to 3 mm long, 0.1–0.2 mm broad, decurrent, crowded, subulate, finally purplish brown. Context up to 10 mm thick in centre of pileus, inconspicuously duplex, pale purplish brown, conspicuously duplex in stipe.

Hyphae of pileus 2.7–6.5 μm wide, not inflating, thin-walled or with moderately thickened cell-walls, branched, septate, without clamp-connections. Basidia 22–25 × 6.5–7 μm (immature), clavate, without basal clamp. Spores 5.4–6.3 × 3.8–4.5 μm, of irregular outline, tubercular (tubercles fairly numerous, prominent, rather coarse, with more or less flattened apices), brownish. (Description after dried material.)

Holotype: "France, Jura, entre Billiat et Lhopital sur la [route] N 491. Sous *Pinus silvestris* sur calcaire vers 500 m d'altitude. 28 octobre 1969. V. Demoulin" (LG 106); isotype in L.

HYDNELLUM CONCRESCENS (Pers. ex Schw.) Banker (p. 43)
Figs. 19, 20 (p. 46), Pl. 18 fig. c, Pl. 19

Basidiomes usually concrescent. Pileus up to 70 mm across, usually depressed and concentrically corrugated, rarely smooth, mostly radiately ridged, folded or lamellate, or greater part of surface scrupose or covered

---

[12] Etymology: *coalitus*, grown together.

with coarse excrescences or secondary pileoli; at first velutinous, then fibrillose or fibrillose-squamulose, more or less shiny; originally white, then dingy pink, vinaceous brownish to brown in various shades; with scattered bluish grey or blackish blotches when dry, or concentric zones or centre thus coloured, with blackish stains where bruised, more or less densely covered with yellowish dots of excreted matter. Stipe 5–55 × 2–10 mm, cylindrical to fusiform or with bulbous base, velutinous to matted, more or less concolorous with pileus, basal mycelium brownish to blackish. Spines up to c. 3 mm long, 0.1–0.2 mm broad, whitish, then pinkish brown, finally purplish brown. Context up to c. 2 mm thick near centre of pileus, duplex in base of stipe, fairly pale purplish brown when dry, streaked with bluish grey, more or less densely spotted with elongate whitish dots. Odour farinaceous.

Hyphae 3–6.3 μm wide. Basidia 27–30 ×5.5–6.5 μm. Spores 5.4–6.1 × (3.6–)4–4.5 μm.

In coniferous and deciduous woods.

HYDNELLUM CUMULATUM K. Harrison (p. 44)
Figs. 21–23 (p. 46), Pl. 20 fig. a

Basidiomes concrescent to form highly complex structures with more or less concentrically imbricate pilei. Pileus 20–30 mm across, plane to depressed, velutinous or plushy to woolly, later in centre finely but harshly pitted, often also hispid, towards margin passing into pronounced radiate striation or into closely spaced, fine, sharp-edged ridges, more rarely locally matted, occasionally with shallow concentric groove behind margin, fulvous to umber, darkest in centre, with rare, minute yellowish dots of excreted matter. Stipe 7–25 ×4–12 mm, cylindrical, usually with bulbous base, plushy, then matted, concolorous with pileus. Spines up to 3.5 mm long, 0.1–0.2 mm broad, finally purplish brown. Context up to 10 mm thick near centre of pileus, more clearly duplex in stipe than in pileus, brown with no trace of purple except towards base of stipe.

Hyphae 2.2–5.4 μm wide. Basidia 24–29 ×5.5–6.5 μm. Spores 4.3–5.4 × 3.6–4.3 μm (not quite mature).

In coniferous or mixed woods.

HYDNELLUM FERRUGINEUM (Fr. ex Fr.) P. Karst. (p. 47)
Figs. 24–27 (p. 46), Pl. 20 figs. b–d,   Pl. 21

Basidiomes simple or concrescent. Pileus up to 100 mm across, plano-convex to depressed, rarely smooth, usually uneven or with broad, low swellings or colliculose, more rarely with shallow concentric groove, with age becoming radiately wrinkled at margin; at first velutinous, then almost hispid or finely to reticulately pitted, frequently also becoming matted; originally white to pinkish white (in this stage not infrequently covered with red drops), then flesh colour, yellow-brown, reddish brown, finally dark brown, staining dark red-brown when bruised. Stipe 5–60 × 7–30 mm, cylindrical to fusiform, more rarely tapering below, with rooting base or arising from greyish yellow mycelial pad, velutinous, later matted, finally concolorous with pileus. Spines up to 6 mm long, 0.1–0.3 mm broad, whitish, finally purplish brown. Context up to 15 mm thick near centre of pileus, duplex both in pileus and stipe, dingy pink in (young) pileus, purplish brown towards stipe, spotted with elongate whitish dots. Odour farinaceous.

Hyphae 2.5–5 μm wide. Basidia 25–30 ×6–7 μm. Spores (5.4–)5.8–6.3 × 3.6–4.5 μm.

In coniferous woods (*Picea*, *Pinus*), more rarely in mixed woods.

HYDNELLUM GRACILIPES (P. Karst.) P. Karst. (p. 48)
Figs. 28, 29 (p. 51), Pl. 22 fig. a

Basidiomes simple or concrescent. Pileus up to 30 mm across, plane to slightly depressed, tomentose, then matted, smooth, without concentric or radiate markings, occasionally covered with scattered dots of excreted matter, fairly pale purplish brown, somewhat more yellowish in centre, dark where bruised. Stipe 10–15 ×2–4 mm, tapering below, tomentose, then matted or glabrescent, concolorous with pileus, with rooting, whitish base. Spines up to 2.5 mm long, fairly pale purplish brown. Context up to 1.5 mm thick, inconspicuously duplex, soft in pileus, somewhat firmer in stipe, purplish brown.

Hyphae 2.7–5.4 μm wide. Basidia c. 25–27 ×5.5 μm. Spores 4.3–4.6 × 2.7–3.6 μm.

In coniferous woods.

HYDNELLUM SCROBICULATUM (Fr. ex Secr.) P. Karst. (p. 49)
Figs. 30, 31 (p. 51), Pl. 22 figs. b–d

Basidiomes simple or concrescent. Pileus up to c. 45 mm across, depressed, radiately wrinkled, folded or lamellate, or entire surface radiately fibrillose-squamulose, rarely smooth in centre, mostly scrupose or with coarse excrescences; at first velutinous, then fibrillose to fibrillose-squamulose, more or less shiny; originally whitish, then pinkish brown to brown in various shades, occasionally spotted or zoned bluish grey when dry, centre always brown, with blackish stains where bruised, more or less densely covered with yellowish dots of excreted matter. Stipe 10–20 ×2–10 mm, cylindrical to fusiform or with bulbous base, velutinous to matted or wrinkled, concolorous with pileus. Spines up to 4 mm long, 0.1–0.2 mm broad, finally purplish brown. Context up to 5 mm thick near centre of pileus, duplex in some places in pileus and in base of stipe, purplish brown when dry, streaked with bluish grey, spotted with elongate whitish dots. Odour farinaceous.

Hyphae 2.7–6.3 μm wide. Basidia 30–32 ×6.5–8 μm. Spores 5.6–7 × 4.5–4.9 μm.

In coniferous and mixed woods.

HYDNELLUM SPONGIOSIPES (Peck) Pouz. (p. 52)
Figs. 32–35 (p. 51), Pl. 22 figs. e, f,   Pl. 23 figs. a–c

Basidiomes simple or concrescent. Pileus up to c. 70 mm across, plano-convex to somewhat depressed, rarely smooth, usually uneven or with broad low swellings or colliculose, with one to several shallow concentric grooves, with age radiately wrinkled at margin; at first velutinous, then almost hispid or finely to reticulately pitted, more rarely matted; originally yellowish whitish, then flesh colour tinged yellowish brownish, or pale brownish pink, pale vinaceous, purplish brown, cinnamon, finally dark brown, staining dark red brown when bruised. Stipe 10–90 ×5–30 mm, rarely cylindrical, usually fusiform or irregularly swollen, with rooting base, velutinous, later hispid or matted, finally concolorous with pileus. Spines up to 6 mm long, 0.1–0.3 mm broad, whitish, finally purplish brown. Context up to 10 mm thick near centre of pileus, duplex both in pileus and stipe, concolorous with pileus surface, firmer parts purplish brown, spotted with elongate whitish dots. Odour farinaceous.

Hyphae 2.7–5.5 μm wide. Basidia 28–34 ×7–8 μm. Spores (5.4–)6.3–7.2 × 4.4–5.4 μm.

Usually in deciduous woods, under Fagaceae (mostly *Quercus*), more rarely in mixed woods.

Hydnellum tardum Maas G., *spec. nov.*[13]
Fig. 36 (p. 59), Pl. 24 fig. d

Basidiomata simplicia vel concrescentia. Pileus usque ad 45 mm diam. (nondum adultus), centro depressus, raro aequatus, vulgo centro processibus instructus, marginem versus radiato-rugosus, inconspicue concentrice zonatus, diu velutinus, primo subtiliter roseo-brunneus vel vinoso-brunneus, postea (pariter in sicco) subtiliter helvolus vel isabellinus vel crustulinus, centro tamen rugisque radiatis fulvus vel ferrugineus vel senatus, aetate vel laesus obscurior, umbrinus. Stipes 15–30 × 7–10 mm, cylindraceus vel fusiformis, basi plerumque attenuatus, velutinus demum coactus, pilei centro concolor. Aculei usque ad 3 mm longi, 0.1–0.2 mm lati, decurrentes, conferti, subulati, in sicco pallide purpureo-brunnei. Caro in pileo usque ad 5 mm crassa, sicca purpureo-brunnea, in stipite conspicue duplex. Hyphae 2.7–6.3 μm latae, haud inflatae, parietibus tenuibus vel modice incrassatis instructae, ramosae, septatae, fibulis carentes. Basidia 29–36 × 5.5–7 μm, clavata, efibulata, quadrispora. Sterigmata 3.6–4.5 μm longa. Sporae 4.7–5.8 × 3.6–4.3 μm, grosse

---

[13] Etymology: *tardus*, slow, late in coming (in allusion to its late discovery).

tuberculatae (tubercula sat numerosa, prominentia, apicibus exsculpatis), brunneolae (vidi vivum).

Holotypus: "Fungi germanici, Baden-Württemberg, Kreis Calw, Schönbrunn, Waldteil Mähdich, 10 Sept. 1971, E. Dahlem & H. Neubert, in *Picea-Abies* forest" (L).

Basidiomes simple or concrescent and becoming complex. Pileus up to 45 mm across (not fully mature), with depressed centre from the beginning, rarely smooth, usually with processes in centre which grow longer and more jagged with age, radiately rugose towards margin, inconspicuously concentrically zoned (dried with one or two shallow concentric grooves), long remaining velvety, at first delicately pinkish brown or vinaceous brown, then (like in the dried condition) delicately brownish yellow, isabella, centre and radiating wrinkles fulvous or rust brown or burnt sienna, darkening to deep umber when bruised or with age, older parts more or less densely covered with yellowish dots of excreted matter when dried. Stipe 15–30 ×7–10 mm, cylindrical or fusiform, velutinous becoming matted, concolorous with centre of pileus, often with tapered base and ochraceous mycelial chord. Spines up to 3 mm long, 0.1–0.2 mm broad, decurrent, crowded, subulate, at first pale purplish or violaceous, dry pale purplish brown. Context up to 5 mm thick in pileus, dry purplish brown, conspicuously duplex in stipe.

Hyphae of pileus 2.7–6.3 μm wide, not inflating, thin- to moderately thick-walled, branched, septate, without clamp-connections. Basidia 29–36 ×5.5–7 μm, clavate, without basal clamp, with 4 sterigmata 3.6–4.5 μm long. Spores 4.7–5.8 ×3.6–4.3 μm, of irregular outline, tubercular (tubercles fairly numerous, prominent, coarse, with exsculpate apices), brownish. (Description after fresh and dried material.)

Holotype: "Fungi germanici, Baden-Württemberg, Kreis Calw, Schönbrunn, Waldteil Mähdich, 10 Sept. 1971, E. Dahlem & H. Neubert, in *Picea-Abies* forest" (L).

The specimens were not fully mature at the time of collecting. As a result the spores measured may not have attained their ultimate size.

The purplish to violaceous colour of the fresh immature spines suggests a possible affinity with *Hydnellum cyanodon* K. Harrison. The two species actually have several points in common: both grow in coniferous forest, the centre of the pileus is of a warm brown, the spores are nearly the same size and coarsely tubercular. The differences, however, leave no doubt that the two species are well separated taxa: in *H. cyanodon* the pileus shows a very pronounced concentric arrangement, while its centre becomes colliculose at the most; the context is strikingly slate blue in the pileus, purplish brown only near the base of the stipe; the spores possess rather fewer tubercles than those of *H. tardum*.

One feature of the present collection remains to be mentioned with the restriction, however, that its general applicability is unknown. In the two only specimens that were cut the context in the base of the stipe was dark green when fresh. This colour disappeared on drying.

HYDNELLUM sect. **Viriditextum** Maas G., *sect. nov.*[14]

Caro in pileo postremo viridis, gustu farinaceo vel nullo. Hyphae fibulis instructae.
— Typus sectionis: *Hydnellum geogenium* (Fr.) Banker.

Context of pileus finally green. Taste farinaceous or none. Hyphae of pileus with clamp-connections. — Type species: *Hydnellum geogenium* (Fr.) Banker.

HYDNELLUM GEOGENIUM (Fr.) Banker (p. 55)
Fig. 37 (p. 59), Pl. 24 figs. a–c

Basidiomes rarely simple, mostly concrescent and often imbricate. Pileus (young rarely clavate, chrome yellow to sulphur yellow, resembling some species of *Clavaria*) up to c. 25 mm across, centrally stipitate and plane to infundibuliform, or laterally stipitate and flabelliform, becoming increasingly complicated by the development of radiate wrinkles, lamellae, excrescences, and of secondary pileoli; at first velutinous, then felted or radiately fibrillose, more rarely matted; originally sulphur yellow, then olive brown to dark olive green, blackened where bruised, occasionally with concentric paler zones near margin, the latter long remaining yellow, sometimes becoming white. Stipe up to 20 mm long, up to 6 mm broad, at times hardly developed, usually branched, velutinous, felted or matted, concolorous with pileus, black when bruised, with chrome yellow mycelial felt at base. Spines up to 2.5 mm long, 0.1–0.2 mm broad, sulphur yellow, finally pale purplish brown. Context up to c. 1 mm thick, chrome yellow in youngest parts of pileus and in base of stipe, yellowish olive green or grey-green in older parts.
    Hyphae 2.7–6.3 μm wide. Basidia 22–27 ×4.5–5.5 μm. Spores 4.5–5.2 × 3.1–3.6 μm.
In coniferous woods.

SARCODON P. Karst. (p. 56)

Basidiome pileate, stipitate. Pileus at first velutinous or felted, then glabrescent, with areolately rupturing cuticle, or tomentum breaking up into scales, or pileus scaly from an early stage; mostly yellow or brown in various shades. Stipe usually solid, tomentose, concolorous with pileus or paler, more rarely of a different colour, in some species with greenish or bluish base. Hymenium covering spines on underside of pileus. Spines purplish brown at maturity. Context fleshy, brittle, soft or firm (never corky or woody), not duplex, not zoned, whitish (at times somewhat yellowish or brownish, not infrequently also with a reddish flush) or permanently with purplish red and violet colours; concolorous in base

---

[14]   Etymology: *viridis*, green; *textum*, tissue.

of stipe or grey-green; monomitic, made up of generative hyphae. Odour never of fenugreek when dried. Hyphae inflating, usually thin-walled, branched, septate, with or without clamp-connections. Basidia clavate, with or without basal clamp, 4-spored. Spores of irregular outline, warted or tubercular, brownish, brown in mass. Cystidia absent.

Terrestrial.

Sixteen species are thus far recognized in Europe, distributed over six sections.

KEY TO THE SECTIONS

1. Basidiome not olive green to blackish green when dried (admittedly awkward key character when dealing with fresh specimens).
   2. Hyphae without clamp-connections.
      3. Context of pileus whitish or slightly brownish, occasionally suffused with reddish or vinaceous tints on exposure.
         4. Context in base of stipe concolorous with context of pileus or brownish.
            5. Surface of pileus long remaining finely velutinous: . . . .
               . . . . Section *Velliceps*, 112
            5. Surface of pileus soon areolate or scaly: Section *Squamiceps*, 108
         4. Context in base of stipe bluish or greenish: Section *Scabrosi*, 104
      3. Context of pileus and stipe reddish pink, lilaceous or violaceous:
         . . . . Section *Violacei*, 112
   2. Hyphae with clamp-connections: . . . .   Section *Sarcodon*, 102
1. Basidiome both outside and inside olive green to blackish green when dried:
   . . . . Section *Virescentes*, 114

SYNOPSIS OF THE SPECIES

1. Section *Sarcodon* (p. 102): *Hydnum calvatum* K. Harrison (1964: 1216), *S. excentricus* Coker & Beers (not validly published, lacking Latin description), *S. humilis* Maas G. (1971: 110), *S. imbricatus* (L. ex Fr.) P. Karst., *Hydnum indurescens* Hall & Stuntz (1972b: 24), *S. leucopus* (Pers.) Maas G. & Nannf. (1969: 415), *S. scabripes* (Peck) Banker, *Hydnum subfelleum* K. Harrison (1961: 28), *S. versipellis* (Fr.) Quél.

2. Section *Scabrosi* Maas G. (p. 104): *S. fennicus* (P. Karst.) P. Karst., *S. glaucopus* Maas G. & Nannf. (1969: 407), *S. lepidus* Maas G. (p. 105), *S. regalis* Maas G. (p. 106), *S. scabrosus* (Fr.) P. Karst.

3. Section *Squamiceps* Maas G. (p. 108): *S. cyrneus* Maas G. (p. 109). *S. lundellii* Maas G. & Nannf. (1969: 421), *Hydnum rimosum* K. Harrison (1964: 1212), *S. roseolus* Banker, *Hydnum subincarnatum* K. Harrison (1964: 1216), *S. underwoodii* Banker, *S.* species 1 (p. 111).

4. Section *Velliceps* Maas G. (p. 112): *S. martioflavus* (Snell & al. apud Snell & Dick) Maas G., *S. stereosarcinon* Wehm.

5. Section *Violacei* Maas G. (p. 112): *S. fuligineo-violaceus* (Kalchbr.

apud Fr.) Pat., *S. fusco-indicus* (K. Harrison) Maas G. (1967c: 10), *S. joeides* (Pass.) Bat.

6. Section *Virescentes* Maas G. (p. 114): *S. atroviridis* (Morg.) Banker, *S. bambusinus* (Baker & Dale) Maas G. (1974b: 221), *S. conchyliatus* Maas G. (1971: 121), *S. fumosus* Banker, *S. nigellus* (K. Harrison) Maas G. (1974b: 224), *S. quietus* Maas G. (1967b: 95), *S. thwaitesii* (Berk. & Br.) Maas G. (1964: 185), and (with some doubt) *S. wrightii* (Berk. & Curt.) Maas G. (1967a: 70).

Like in *Hydnellum*, several species remain which do not seem to fit satisfactorily any of the sections available. They are *Hydnum cyanellum* K. Harrison (1964: 1214, erroneously published under *Hydnellum*), *H. lanuginosum* K. Harrison (1961: 30), *H. modestum* Snell & Dick (1963: 162), and *S. procerus* Maas G. (1967b: 93).

SARCODON sect. SARCODON (p. 57)

Pileal tomentum soon becoming fissured; fissures cutting far down into context, thus giving rise to coarse, erect scales; or tomentum collapsed to form a thin cuticle, which may break up into areoles or appressed squamules. Context white to pallid in pileus, occasionally suffused with reddish or vinaceous tints, concolorous or somewhat darker in base of stipe. Odour not farinaceous when fresh. Hyphae with clamp-connections.

KEY TO THE SPECIES

1. Pileus (fresh) not of a vivid orange-brown colour. Spores with coarse, angular tubercles.
   2. Pileus usually plano-convex, densely covered with scales or areolate.
      3. Pileus with coarse scales at least in centre, scales erect or with raised tips. Odour absent or somewhat aromatic, not disagreeable: . . . . *S. imbricatus*, 102
      3. Pileus areolate or with small scales, scales appressed or with slightly raised tips. Odour usually disagreeable: . . . . . . *S. leucopus*, 103
   2. Pileus infundibuliform or perforated into hollow stipe, with few or no scales at all: . . . . very old basidiomes of *S. imbricatus*, 102
1. Pileus (fresh) of a vivid orange-brown colour. Spores with low, broadly rounded tubercles: . . . . *S. versipellis*, 103

SARCODON IMBRICATUS (L. ex Fr.) P. Karst. (p. 58)
Fig. 38 (p. 59), Pl. 24 figs. d–f, Pls. 25, 26

Basidiomes usually simple. Pileus up to c. 200 mm across, plano-convex, infundibuliform with age (and becoming perforated into hollow stipe); at first velutinous, then felted, at early stage cracked by deep fissures, resulting in coarse, erect scales being formed in centre of pileus; farther outwards with concentrically arranged loosely adhering, broad scales with raised tips, those near margin being adnate and much narrower; pale isabella, pale flesh colour, pinkish brown, reddish brown, grey-brown, coppery red-brown, dark brown, often suffused with purplish shade; dark scales contrasting with pale ground colour. Stipe 50–80 ×20–50 mm, cylindrical, somewhat fusiform or broadened below, velutinous, matted, glabrescent or with innate fibrils or squamules, whitish, becoming brownish from base upwards. Spines up to 10 mm long, 0.2–0.5 mm broad, whitish, finally purplish brown. Context whitish in pileus, brownish towards base of stipe. Odour absent or somewhat aromatic, not farinaceous. Taste absent or finally somewhat bitter.

Hyphae up to 18 μm wide. Basidia 35–45 ×6–8 μm. Spores 7.2–8.2 × 4.9–5.4 μm.

In coniferous woods.

Sarcodon leucopus (Pers.) Maas G. & Nannf. (p. 60)
Fig. 39 (p. 59), Pls. 27, 28

Basidiomes usually simple. Pileus up to c. 200 mm across, plano-convex or slightly depressed, without concentric or radiate markings, at first finely felted; felt collapsed to form smooth, more or less shiny, innate-scaly cuticle, the latter subsequently radiately rimose near margin, breaking up into areoles in centre, here with scales somewhat more pronounced and tips sometimes slightly raised; pale purplish brown on yellowish drab ground colour or a rich purplish brown to dark brown. Stipe 40–80 ×20–60 mm, cylindrical to ventricose, finely tomentose, later with smooth or innate-scaly cuticle, concolorous with pileus or paler, whitish below, after some time with green spots (always?). Spines up to c. 15 ×1 mm, whitish, finally purplish brown. Context up to 40 mm thick near centre of pileus, whitish, suffused with purplish brown to violet tints, after some time pale greenish. Odour commonly experienced as disagreeable. Taste bitter after some time.

Hyphae 3.5–27 μm wide. Basidia 30–38.5 ×5.5–9 μm. Spores (6.7–) 7.2–7.6(–9) ×4.5–5.6 μm.

In coniferous woods.

Sarcodon versipellis (Fr.) Quél. (p. 61)
Figs. 40, 41 (p. 59), Pls. 29, 30

Basidiomes usually concrescent. Pileus up to c. 150 mm across, plano-convex to depressed or umbilicate, not concentrically zoned; at first felted, then radiately scaly; scales appressed to loosely adhering, more rarely with curled up tips, towards margin passing into long, narrow fibrils; fresh a vivid orange-brown, paler to whitish towards margin, with darker to dark brown scales and fibrils; dried yellowish drab, yellowish grey, yellowish brown, grey-brown, umber brown, with or without purplish

hue, immature specimens delicately lilac-grey. Stipe 30–90 ×20–30 mm,
cylindrical or broadened below, tomentose to matted, concolorous with
pileus or paler or (bruised?) purplish brown, with pointed, white-cottony
base. Spines up to 6 mm long, 0.1–0.2 mm broad, whitish, finally purplish
brown. Context white in pileus and part of stipe, chrome yellow where
stipe joins pileus, greyish in base, after some time becoming suffused
with greenish and violaceous tints. Odour not disagreeable, perhaps
somewhat medicinal. Taste mild or farinaceous-bitterish.

Hyphae 3–15 μm wide. Basidia 20–30 ×4.5–6.5 μm. Spores 4.5–5.5 ×
3.5–4.5 μm.

In coniferous (*Picea*) and mixed (*Abies*, *Fagus*) woods.

SARCODON sect. SCABROSI Maas G. (p. 63)

Pileus areolate or scaly. Context whitish to pallid in pileus, occasionally
suffused with reddish or vinaceous tints, brownish in stipe, greenish or
grey-green or bluish in base of stipe. Hyphae without clamp-connections.

KEY TO THE SPECIES

1. Scales in centre of pileus erect or ascending (provided basidiome is not
   too young).
   2. Pileus ochraceous yellow-brown. Spores with numerous, fairly small,
      more or less rounded tubercles: . . . . *S. fennicus*, 104
   2. Pileus usually red-brown or purplish brown (or at least scales so coloured).
      Spores with fewer, coarse, angular tubercles: . . . . . *S. scabrosus*, 108
1. Scales in centre of pileus adhering to appressed, at most with tips somewhat
   raised.
   3. Stipe without violet colour. Odour farinaceous or disagreeable.
      4. Pileus with tightly appressed scales. Stipe not rooting. Growing
         under conifers: . . . . *S. glaucopus*, 105
      4. Pileus with loosely adhering scales. Stipe rooting. Growing under
         deciduous trees: . . . . *S. lepidus*, 105
   3. Stipe violet below. Odour farinaceous, then agreeable: . . *S. regalis*, 106

SARCODON FENNICUS (P. Karst.) P. Karst. (p. 63)
Fig. 42 (p. 67), Pl. 31 figs. a–c

Basidiomes simple or partly concrescent. Pileus up to 100 mm across,
plano-convex to depressed, densely fibrillose, becoming scaly; scales
coarse in centre of pileus, erect or ascending, more fibrillose, narrower,
and adhering to appressed towards margin; originally ochraceous yellow,
then yellow-brown to dark yellow-brown, occasionally with reddish brown
hue, contrasting with pale yellow-brown ground colour. Stipe 35–70 ×
10–25 mm, cylindrical or tapering below, tomentose, glabrescent, usually
concolorous with pileus above, bluish green or grey-green below, but
base often covered by whitish mycelium. Spines up to 5 mm long,

0.1–0.3 mm broad, whitish, finally purplish brown. Context whitish in pileus, grey-green in base of stipe. Taste bitter.

Hyphae up to 20 μm wide. Basidia 40–45 ×6–7 μm. Spores 6.3–7.6 × 4.5–5.2 μm.

In coniferous woods.

SARCODON GLAUCOPUS Maas G. & Nannf. (p. 64)
Figs. 43, 44 (p. 67), Pl. 31 fig. d

Basidiomes simple or partly concrescent. Pileus up to 110 mm across, plano-convex to somewhat depressed; at first tomentose, then matted, forming a cuticle which breaks up into scales near margin, into areoles in centre; scales adhering to appressed, yellow-brown with vinaceous shade or pale to dark purplish brown, occasionally locally violet-grey (giving a peculiar leaden grey impression), at times very dark brown in centre, contrasting with dingy yellowish ground colour, not infrequently covered with minute yellowish dots of excreted matter when dried. Stipe 27–75 ×10–40 mm, cylindrical, tapering below or somewhat broadened below, tomentose, fibrillose, covered with adnate fibrillose squamules or partly matted, dingy whitish, soon pinkish brown to purplish brown above, grey-green below, with pointed, whitish base. Spines up to 5 mm long, 0.1–0.2 mm broad, whitish, finally purplish brown. Context whitish to somewhat yellowish in pileus, sometimes suffused with reddish tint, grey-green in base of stipe. Odour farinaceous. Taste bitterish.

Hyphae up to 20 μm wide. Basidia 30–35 ×5–7 μm. Spores (5–)5.4–5.8(–6.3) ×(3.6–)4–4.5 μm.

In coniferous woods.

Sarcodon lepidus Maas G., *spec. nov.*[15]
Fig. 45 (p. 67), Pl. 32 fig. a

Basidiomata simplicia vel plus minusve concrescentia. Pileus recens usque ad 70 mm diam. (siccus 50 mm), orbicularis vel late lobatus, plano-convexus vel centro depressus, e tomentoso fibrillosus, postea retrorsum fibrilloso-squamulosus, centrum versus squamulosus; fibrillae praecipue marginales laxae, squamulae magna ex parte adnatae, apice vero plerumque allevatae, primo pallide roseo-brunneae, demum purpureo-brunneae vel badiae, partibus flavescentibus valde dissimiles, subnitidae. Stipes recens 20–35×5–12 mm (siccus 15–30×3–9 mm), cylindraceus vel infra paulum fusiformis, in radicem angustatus, minute tomentosus, glabrescens, flavo-brunneus vel roseo-brunneus, basi albo-tomentosus, demum griseo-virescens. Aculei sicci usque ad 3 mm longi, 0.1–0.2 mm lati, decurrentes, conferti, subulati, primo pallidi, demum purpureo-brunnei. Caro recens 5–6 mm crassa et albida in pileo, erubescens, deorsum subflavida, stipitis basi griseo-viridis, odore farinaceo ingratoque. Hyphae usque ad 24 μm latae, inflatae, parietibus tenuibus instructae, ramosae, septatae, fibulis carentes. Basidia 30–36×5.5–7 μm, clavata, efibulata, quadrispora. Sterigmata 4.5–5.4 μm longa. Sporae 5.8–6.3×3.6–4.3 μm, grosse

---

[15] Etymology: *lepidus*, neat, graceful.

tuberculatae (tubercula numerosa, prominentia, apicibus exsculpatis tripartitisve), brunneolae (vidi vivum et siccum).

Holotypus: "Lochem, Ampsen, 26 Sept. 1971, G. & H. Piepenbroek, onder *Quercus rubra*" (L).

Basidiomes simple or more or less concrescent. Pileus up to 70 mm across fresh (50 mm dry), orbicular or broadly lobed, plano-convex to depressed in centre, at first tomentose, then fibrillose, finally fibrillose at margin, fibrillose-squamulose farther away from margin, squamulose towards centre; fibrils loosely adhering, more particularly those near margin, squamules for the greater part adnate but often with raised tips, young pale pinkish brown, later purplish brown to reddish brown, darker scales contrasting with yellowish ground colour, somewhat shiny. Stipe 20–35 ×5–12 mm fresh (15–30 ×3–9 mm dry), cylindrical or somewhat fusiform in lower part, gradually tapering to rooting base, finely tomentose to felted, becoming glabrous, yellow-brown to pinkish brown, white-tomentose at base, which with age turns greyish green. Spines dry up to 3 mm long, 0.1–0.2 mm broad, decurrent, crowded, subulate, finally purplish brown. Context fresh 5–6 mm thick and whitish in pileus, immediately suffused with pink under upper surface, yellowish in stipe, grey-green in its base. Odour farinaceous but mixed with some disagreeable component.

Hyphae of pileus up to 24 μm wide, inflating, thin-walled, branched, septate, without clamp-connections. Basidia 30–36 ×5.5–7 μm, slender-clavate, without basal clamp, with 4 sterigmata 4.5–5.4 μm long. Spores 5.8–6.3 ×3.6–4.3 μm, of irregular outline, tubercular (tubercles numerous, prominent, coarse, with exsculpate to 3-merous apices), brownish. (Description after fresh and dried material.)

Holotype: "[Netherlands, prov. Gelderland,] Lochem, Ampsen 26 Sept. 1971, G. & H. Piepenbroek, onder *Quercus rubra*" (L).

This species is likely to be confused with some collections of *S. glaucopus*. In the latter (i) the pileal tomentum collapses to form a cuticle which eventually cracks into adnate areoles, (ii) the stipe does not narrow into a rooting base, (iii) the tubercles of the spores are differently shaped. *Sarcodon glaucopus*, moreover, is a species of coniferous forests, whereas *S. lepidus* (three collections) seems associated with *Quercus*.

Sarcodon regalis Maas G., *spec. nov.*[16]
Fig. 46 (p. 67), Pl. 32 figs. b, c, Pl. 33 fig. a

Basidiomata simplicia vel concrescentia. Pileus recens usque ad 100 mm diam. (siccus 70 mm), orbicularis vel lobatus, plano-convexus vel centro applanatus, squamosus; squamulae marginales angustae fibrillosaeque, squamae centrum versus

---

[16] Etymology: *regalis*, royal; the species was found within the bounds of the royal park at Windsor.

latae, magna ex parte adnatae, apice vero allevatae; ochraceo-brunneus, passim leviter purpureo-tinctus, fibrillis squamisque griseo-brunneis, sepiaceis vel fuscis, subnitidis (siccus luride brunneus). Stipes recens 30–60 × 15–20 mm (siccus 10–40 × 8–12 mm), simplex vel concrescens vel ramosus, cylindraceus vel deorsum paulum attenuatus, basi cacuminata radicataque, tomentosus vel breviter fibrillosus, sursum pallide aurantiaco-testaceus vel roseo-brunneus, deorsum luride violaceus, basi albo-tomentosus vel maculis nonnullis glaucis instructus. Aculei sicci usque ad 4 mm longi, 0.1–0.2 mm lati, decurrentes, conferti, subulati, primo pallidi, demum purpureo-brunnei. Caro recens usque ad 10 mm crassa in pileo, albida vel pallide flavo-grisea, passim vinescens vel violascens, in stipite pallide brunneo-rubescens, stipitis basi griseo-viridis, odore farinaceo deinde suave, sapore subamaro. Hyphae usque ad 21 μm latae, inflatae, parietibus tenuibus instructae, ramosae, septatae, fibulis carentes. Basidia circa 36 × 6–7 μm, clavata, efibulata, quadrispora. Sterigmata 5.5–6.3 μm longa. Sporae 5.6–6.1 × 4–4.9 μm, grosse tuberculatae (tubercula numerosa, prominentia, apicibus exsculpatis tripartitisve), brunneolae (vidi vivum et siccum).

Syntypi: "Fungi britannici / *Sarcodon regalis* Maas G. / Berkshire, Windsor Great Park, Swinley Park, 3 Oct. 1968, R. A. Maas Geesteranus 15291, on grassy bank under *Quercus* and *Castanea sativa* bordering plantation of *Tsuga heterophylla*". "21 Sept. 1969, E. E. Green & R. A. Maas Geesteranus 15334" (L).

Basidiomes simple or concrescent. Pileus up to 100 mm across fresh (70 mm dry), orbicular or lobed, plano-convex or with flattened centre, scaly; marginal squamules narrow and fibrillose, scales farther towards centre broad, largely adnate but with raised tips; yellowish brown, in places somewhat tinted purplish, with grey-brown to dark brown fibrils and scales (more dull brown dry), somewhat shiny. Stipe 30–60 × 15–20 mm fresh (10–40 × 8–12 mm dry), simple or concrescent or branched, cylindrical or somewhat tapering downwards, with acuminate and rooting base, tomentose or with short fibrils, pale orange-brown or pinkish brown above, pale dingy violet below, white-tomentose at base or with some grey-green patches. Spines dry up to 4 mm long, 0.1–0.2 mm broad, decurrent, crowded, subulate, at first pallid, then purplish brown. Context fresh up to 10 mm thick in pileus, whitish or pale yellowish grey, becoming suffused with wine red under upper surface or with distinctly violaceous patches, vinescent or dingy pale reddish brown in stipe, grey-green in base of stipe. Odour at first slightly farinaceous, then pleasant, sweetish, fruity. Taste farinaceous, somewhat bitter after a while.

Hyphae of pileus up to 21 μm wide, inflating, thin-walled, branched, septate, without clamp-connections. Basidia c. 36 × 6–7 μm, slender-clavate, without basal clamp, with 4 sterigmata 5.5–6.3 μm long. Spores 5.6–6.1 × 4–4.9 μm, of irregular outline, tubercular (tubercles numerous, prominent, fairly coarse, with exsculpate to 3-merous apices), brownish. (Description after fresh and dried material.)

Syntypes: "Fungi britannici / *Sarcodon regalis* Maas G. / Berkshire, Windsor Great Park, Swinley Park, 3 Oct. 1968, R. A. Maas Geesteranus 15291, on grassy bank under *Quercus* and *Castanea sativa* bordering plantation of *Tsuga heterophylla*" and "21 Sept. 1969, E. E. Green & R. A. Maas Geesteranus 15334" (L).

Sarcodon regalis somewhat resembles *S. lepidus*, from which it can be distinguished by (i) the somewhat coarser scales of the pileus; (ii) the different colouration of the stipe; (iii) the different smell of the context when cut; and (iv) the different aspect of the tubercles of the spores.

SARCODON SCABROSUS (Fr.) P. Karst. (p. 68)
Figs. 47, 48 (p. 67), Pl. 33 figs. b–d, Pls. 34, 35

Basidiomes simple or concrescent. Pileus up to 140 mm across, plano-convex or depressed; at first tomentose and smooth, soon becoming fissured, fissures continuing far down into context, giving rise to scales; scales in centre of pileus coarse, erect to ascending, imbricate and often arranged in radiating ridges, those towards margin adhering to appressed, narrower, and fibrillose; pinkish brown, reddish brown, cinnamon, coppery red-brown, purplish brown to blackish brown, contrasting with pallid to dingy yellow ground colour. Stipe 25–100 ×10–30 mm, cylindrical or tapering below, occasionally with pointed base, tomentose, fibrillose, somewhat fibrillose-scaly or glabrescent, brownish flesh colour, rarely locally with some pink or even pale violet colours, eventually concolorous with scales of pileus, grey-green or bluish green to blackish green below, more or less covered by whitish mycelium. Spines up to c. 10 mm long, yellowish white, slowly becoming purplish brown. Context up to 10 mm thick in centre of pileus, whitish, suffused with reddish and yellowish tints, grey-green in base of stipe. Odour farinaceous. Taste both bitter and acrid, disagreeable.

Hyphae up to 30 μm wide. Basidia 38–43 ×6–7 μm. Spores (5.4–)6.3–7.3 ×(3.6–)4–5 μm.

In coniferous, deciduous, and mixed woods.

SARCODON sect. SQUAMICEPS Maas G. (p. 69)

Pileus surface soon breaking up into areoles or scales. Context whitish to brownish in pileus, concolorous or a more pronounced brown in base of stipe. Hyphae without clamp-connections.

KEY TO THE SPECIES

Sarcodon cyrneus Maas G., *spec. nov.*[17]
Fig. 49 (p. 72), Pl. 36 fig. a

Basidiomata simplicia vel concrescentia. Pileus usque ad 65 mm diam., e plano-convexo subdepressus, margine minute tomentosus, centrum versus coactus vel tomento collapso aequatus nitidusque, postea vero in areolas vel squamulas adpressas diruptus; areolae squamulaeque satis pallide sordide roseo-brunneae vel purpureo-tinctae, centrum versus obscuriores, nonnullis locis flaviores, margine passim fere pallidae. Stipes 15–30 × 6–15 mm, cylindraceus vel deorsum paulum incrassatus, basi abrupte acuminatus, rectus vel curvatus, tomentosus, passim glabrescens, pallide griseo-brunneus, aetate obscurior, pileo plus minusve concolor, basi mycelio flavo-griseo instructus. Aculei usque ad 3 mm longi, 0.1–0.3 mm lati, longe decurrentes, saepe stipitis basin fere attingentes, conferti, subulati, primo albidi, demum purpureo-brunnei. Caro recens albida, roseo-tincta, sicca pallida, stipitis basi haud viridis. Hyphae usque ad 27 μm latae, inflatae, parietibus tenuibus vel modice incrassatis instructae, ramosae, septatae, fibulis carentes. Basidia 30–36 × 6.5–7 μm, clavata, efibulata, quadrispora. Sterigmata c. 3.6 μm longa. Sporae (5.8–)6.3–7.3 × 4–5 μm (an maturae?), grosse tuberculatae (tubercula haud numerosa, prominentia, apicibus applanatis exsculpatisve), brunneolae (vidi siccum).

Syntypi: Corsica, "between Porto and Piana, 7 Oct. 1972, V. Demoulin 4489, in *Quercus ilex* forest" et "South of Ajaccio, forest of Cotti-Chiavari, 18 Oct. 1972, V. Demoulin 4608, under *Quercus ilex*" (L).

Basidiomes simple or concrescent. Pileus up to 65 mm across, plano-convex to somewhat depressed in centre, finely tomentose at margin, becoming felted farther back, or tomentum collapsed to form smooth and shiny pellicle, which at a later stage may rupture into areoles or appressed squamules, fresh entirely brownish pink, dried a fairly pale dingy pinkish brown or with more purplish shade, darker towards centre, in places more yellowish brown, locally almost pallid at margin. Stipe 15–30 × 6–15 mm, broader when fused, equal or somewhat enlarged below, with abruptly pointed base, straight to curved, tomentose, in places glabrescent, pale grey-brown, darkening with age and becoming more or less concolorous with pileus, at extreme base with yellowish grey mycelium. Spines up to 3 mm long, 0.1–0.3 mm broad, long decurrent, often almost reaching base of stipe, crowded, subulate, first whitish, becoming purplish brown. Context pallid (whitish suffused with pinkish when fresh, according to the collector), not greenish in base of stipe.

Hyphae of pileus up to 27 μm wide, inflating, thin- to moderately thick-walled, branched, septate, without clamp-connections. Basidia 30–36 × 6.5–7 μm, slender-clavate, without basal clamp, with 4 sterigmata about 3.6 μm long. Spores (5.8–)6.3–7.3 × 4–5 μm (probably not mature), of irregular outline, tubercular (tubercles not numerous, prominent, coarse, with flattened to exsculpate apices), brownish. (Description after dried material and a few collector's notes.)

Syntypes: Corsica, "between Porto and Piana, 7 Oct. 1972, V. Demoulin 4489, in *Quercus ilex* forest" and "South of Ajaccio, forest of Cotti-Chiavari, 18 Oct. 1972, V. Demoulin 4608, under *Quercus ilex*" (L).

---

[17] Etymology: *cyrneus*, Corsican, of Corsica.

Hydnum subincarnatum K. Harrison from North America comes very close, but can be distinguished as follows: (i) pileus appressed-fibrillose, cracking into scales, which may become imbricated on the disc (*S. cyrneus*: tomentose to felted or forming a shiny pellicle, which may rupture into areoles or appressed squamules); (ii) pileus fresh vinaceous in various shades, becoming "mummy brown" (*S. cyrneus*: fresh brownish pink, with age not becoming so dark); (iii) stipe narrowed downward (*S. cyrneus*: equal or somewhat enlarged below, with abruptly pointed base); (iv) spores 5.5–6 μm long (4.9–6.3 μm according to my own observation), with short truncated tubercles (tubercles with flattened apices according to my own observation) (*S. cyrneus*: [5.8–]6.3–7.3 μm long, the tubercles with flattened to exsculpate apices); (v) in general habit a "thin and slender species" (*S. cyrneus*: squat).

SARCODON LUNDELLII Maas G. & Nannf. (p. 71)
Fig. 50 (p. 72), Pl. 36 fig. b

Basidiomes simple or concrescent. Pileus up to 90 mm across, plano-convex to depressed, woolly-velutinous or radiately fibrillose at margin, scaly farther back; scales slender, acute and appressed near margin, broad and with raised tips towards centre; fresh stated to be somewhat paler than *Tricholoma vaccinum*, then with some coppery shade; dry yellowish brown, reddish brown or purplish brown, with darker to very dark brown scales. Stipe 25–80 ×4–20 mm, cylindrical or somewhat broadened below, not rooting, finely tomentose, glabrescent, somewhat shiny, brownish whitish, locally suffused with delicate pinkish or violet hues, finally concolorous with pileus. Spines up to 4.5 mm long, 0.1–0.4 mm broad, purplish brown. Context whitish or pale brownish in pileus, somewhat darker in base of stipe. Odour farinaceous, later disagreeable. Taste at first mild, later somewhat acrid.

Hyphae up to 22 μm wide. Basidia 30–36 ×6–7 μm. Spores 4.9–5.8 × 3.6–4.2 μm.

In coniferous, more rarely mixed woods.

SARCODON UNDERWOODII Banker (p. 73)
Figs. 51–53 (p. 72), Pl. 36 figs. c, d

Basidiomes simple. Pileus 20–90 mm across, plano-convex to somewhat depressed; at first tomentose, soon becoming fibrillose, then scaly; scales slender, fibrillose, adhering to appressed at margin, broader and with raised tips in centre, dark yellow-brown, reddish brown, purplish brown or dark brown, somewhat shiny, contrasting with paler yellow-brown ground colour. Stipe 20–50 ×5–12 mm, cylindrical or tapering below, with rooting base, tomentose, glabrescent, brownish flesh colour or yellow-brown, turning dark brown when bruised, with white-cottony base.

Spines up to 6 mm long, whitish, finally purplish brown. Context up to 6 mm thick in centre of pileus, whitish, occasionally suffused with pink or pale purplish hues, finally flavescent, brownish or watery purplish grey in base of stipe. Odour farinaceous. Taste farinaceous, bitterish.

Hyphae up to 28 μm wide. Basidia 40–45 ×8–10 μm. Spores 7.2–8.8 × 5–5.4 μm.

Under oak (*Quercus*).

SARCODON species 1

Fig. 54 (p. 72), Pl. 37 fig. a

Basidiomes simple. Pileus up to 27 mm across, plano-convex or somewhat depressed; tomentum collapsed to form smooth, shiny cuticle, which is glabrous or finely innately fibrillose, pale purplish brown, locally tending to more violet or more yellowish tints, with numerous dots of yellowish excreted matter or erumpent pustules. Stipe 20–25 ×4–8 mm, cylindrical or broadened below, glabrous or with scattered loose fibrils, shiny, yellow-brown, lacking purplish hue of pileus, with or without pustules of excreted matter above, white-cottony at base. Spines up to 2.5 mm long, 0.1–0.2 mm broad, decurrent, subdistant to crowded, subulate, terete, straight to curved, simple, purplish brown. Context 1–1.5 mm thick near centre of pileus, pallid to pale brownish, concolorous in base of stipe.

Hyphae of pileus 3.5–18 μm wide, inflating, thin-walled, branched, septate, without clamp-connections. Basidia 26–30 ×6.5–7 μm, slender-clavate, without basal clamp, with 4 sterigmata 3.6–4.5 μm long. Spores 5.4–6.3 ×4.3–4.7 μm, of irregular outline, tubercular (tubercles numerous, prominent, originally consisting of rounded warts occurring in pairs, but tending to develop into exsculpate outgrowths), brownish. (Description after dried material.)

Norway: Akershus, Asker, Dikemark, 29 Aug. 1971, Kjell Kvavik, in *Picea* forest (O).

The first impression given by the Norwegian collection was that it might well represent *Sarcodon roseolus*, a species of North Carolina thus far probably known only from its type, which was redescribed on an earlier occasion (MAAS GEESTERANUS, 1969: 410). However, the lack of dependable redescriptions of this species in recent American literature coupled with the inadequacy of both the American and Norwegian collections seemed sufficient reason to suspend judgment.

The pileus in the Norwegian specimens is covered with dots of excreted matter; these have not been found in *S. roseolus*. Is this accidental? Locally the pileus in the Norwegian collection shows a violet shade not seen in *S. roseolus*. Is this due to a better technique employed in drying the material from Dikemark? The spines in the Norwegian collection are much longer than those of the type of *S. roseolus*. Is this a matter of age? There is no doubt that most of the spores of the Norwegian material are still not mature, but some of the more advanced spores plainly show which way their shape would have developed (Fig. 54). It is true that the half-way mature spores are indistinguishable from the spores of the type of *S. roseolus*, but the latter do not seem to be fully mature either, and what would have become their ultimate shape? Since it does not seem possible to give a satisfactory answer to all these questions the Norwegian collection must remain unnamed until we have more intimate knowledge of the American species.

The placing of the present species in section *Squamiceps* is provisional, but is based on its resemblance to *S. roseolus*.

SARCODON sect. **Velliceps** Maas G., *sect. nov.*[18]

Pileus longe velutinus, cetero sectioni *Squamiceps* similis. — Typus sectionis: *Sarcodon martioflavus* (Snell & al. apud Snell & Dick) Maas G.

Pileus surface long remaining velutinous. In other respects similar to Section *Squamiceps*. — Type species: *Sarcodon martioflavus* (Snell & al. apud Snell & Dick) Maas G.

SARCODON MARTIOFLAVUS (Snell & al. apud Snell & Dick) Maas G. (p. 75)
Fig. 55 (p. 78), Pl. 37 figs. b, c

Basidiomes simple or concrescent. Pileus up to 100 mm across, plano-convex to somewhat depressed, without concentric and radiate markings, minutely velutinous, long remaining unchanged, finally felted, partly matted or somewhat wrinkled, rarely locally breaking up into appressed squamules; ochraceous yellow-brown to purplish brown, darkening with age, once observed to exude pinkish droplets at margin. Stipe 20–50 × 5–20 mm, cylindrical to fusiform or tapering below, velutinous to felted above and concolorous with pileus, passing into soft, woolly, orange to apricot coloured felt farther down. Spines up to c. 5 mm long, 0.1–0.3 mm broad, whitish, finally purplish brown. Context pallid in pileus, brownish in stipe. Odour farinaceous. Taste mild, farinaceous.

Hyphae up to 20 µm wide. Basidia 40–45 ×6–7 µm. Spores 5–6.3 × 3.6–4.5 µm.

In coniferous (*Picea*) and mixed woods.

SARCODON sect. VIOLACEI Maas G. (p. 76)

Pileus scabrous to scaly. Context reddish pink, lilaceous or violet.

[18] Etymology: *vellus*, fleece; *-ceps*, head.

Odour farinaceous. Hyphae without clamp-connections.
Two European species.

KEY TO THE SPECIES

1. Pileus becoming very dark with age. Context in stipe reddish. Growing
   under conifers: . . . . *S. fuligineo-violaceus*, 113
1. Pileus pinkish brown, reddish brown. Context in stipe lilaceous pink when
   young, violet when old. Growing under *Quercus*, *Fagus* or *Castanea*: . .
   . . . . *S. joeides*, 113

SARCODON FULIGINEO-VIOLACEUS
(Kalchbr. apud Fr.) Pat. (p. 77)
Fig. 56 (p. 78), Pl. 38, Pl. 39 fig. a

Basidiomes (as far as known) simple. Pileus up to 130 mm across,
plano-convex to somewhat depressed; at first tomentose, then breaking up
into scales, or tomentum collapsed to form smooth, shiny cuticle which
in turn breaks up into fibrils and scales; fibrils appressed or adhering,
scales innate or with raised tips; yellowish brown, reddish brown, date
brown, dark olive brown, becoming suffused with bluish, leaden or blackish
shades, more or less densely covered with yellowish dots of excreted
matter when dry. Stipe 30–60 ×6–40 mm, cylindrical or tapering below,
somewhat rooting with pointed base, tomentose, glabrescent or breaking
up into scales, (at first probably) pale purplish brown, then concolorous
with pileus. Spines up to 4 mm long, 0.1–0.4 mm broad, purplish brown.
Context (as far as can be judged from dried material) at first reddish
pink or pale purple, then blue-grey to violet-blue in pileus, red in stipe,
grey-green in base of stipe. Odour (probably) disagreeable. Taste acrid.

Hyphae up to 23 μm wide. Basidia 29–36 ×6.5–7 μm. Spores 5.4–6.5 ×
4–4.7(–5.4) μm.

In coniferous woods (*Abies*, *Picea*, *Pinus*).

SARCODON JOEIDES (Pass.) Bat. (p. 78)
Fig. 57 (p. 78), Pl. 39 figs. b, c, Pl. 40 fig. a

Basidiomes simple or concrescent. Pileus up to 120 mm across, plano-
convex to depressed, with undulating margin when old, velutinous to
felted, then becoming scaly or tomentum collapsed to form smooth cuticle
which in turn breaks up into areoles or scales; scales appressed, loosely
adhering or ascending, fine to coarse; surface pale yellow-brown ("café
au lait"), occasionally suffused with lilac hue, or flesh colour pinkish
brown, becoming reddish brown with darker scales, dried usually more
drab, more or less densely covered with yellowish dots of excreted matter.
Stipe 35–60 ×7–20 mm, cylindrical or tapering below, somewhat rooting
with pointed base, tomentose, glabrescent or breaking up into scales,

whitish, suffused with purplish hue, finally concolorous with pileus, grey-green to blackish green at base. Spines up to 3 mm long, 0.1–0.3 mm broad, pallid, finally purplish brown. Context dingy pink or lilaceous pink, then violet in pileus over spines and in stipe, finally entirely violet, grey in base of stipe. Odour farinaceous. Taste somewhat acrid, disagreeable, not bitter.

Hyphae up to 22 μm wide. Basidia 27–38 ×6.5–7 μm. Spores 5.4–5.8 × 3.6–4.2 μm.

In deciduous woods, mostly under *Quercus*, but also under *Castanea* and *Fagus*.

SARCODON sect. VIRESCENTES Maas G. (p. 79)

Pileus velutinous to felted, usually glabrescent, occasionally with slender fibrillose scales. Basidiome both outside and inside turning olive green or blackish green or blackish on drying. Odour unknown or absent. Hyphae with or without clamp-connections.

SARCODON ATROVIRIDIS (Morg.) Banker (p. 79)
Fig. 58 (p. 78), Pl. 40 fig. b

Basidiome simple. Pileus 35 mm across, convex, without concentric and radiate markings, somewhat fibrillose, fairly dark olive green, locally somewhat more yellowish. Stipe 35 ×12–20 mm, somewhat broadened below, with pointed base, tomentose to glabrous, olive green. Spines c. 1 mm long, olive green. Context yellowish olive green.

Hyphae up to 18 μm wide, with clamps. Basidia collapsed. Spores not yet developed.

(Material received dried, immature, fragmentary, and without notes.)

LITERATUR

BANKER, H. J., A contribution to a revision of the North American Hydnaceae. *In* Mem. Torrey bot. Club 12: 99–194 (1906).

BOHUS, G. & M. BABOS, Mycocoenological investigation of acidiphilous deciduous forests in Hungary. *In* Bot. Jb. 83: 304–360 (1967).

BOURDOT, H. & A. GALZIN, Hyménomycètes de France. Hétérobasidiés – Homobasidiés gymnocarpes. Sceaux (1928).

BRESADOLA, J., Fungi tridentini 2. Tridenti (1892–1900).

————, Iconographia mycologica 21, 22. Mediolani (1932).

CEJP, K., Monografie Hydnaceí republiky československé. *In* Fl. Fauna čechoslov. 2: 1–107 (1928).

————, Monographie des Hydnacées de la République Tchécoslovaque. *In* Bull. internatn. Acad. Sci. Bohême 31: 225–328 (1930).

COKER, W. C. & A. H. BEERS, The stipitate Hydnums of the eastern United States. Chapel Hill (1951).

DONK, M. A., Revision der niederländischen Homobasidiomycetae–Aphyllophoraceae II. *In* Meded. Ned. mycol. Ver. 22 (1933).

ENGEL, H., *Sarcodon martioflavus* in Bayern gefunden. *In* Z. Pilzk. 39: 257 (1974).

FERDINANDSEN, C. & Ø. WINGE, Mykologisk ekskursionsflora. 2. ... Udgave. København (1943).

GULDEN, G. & J. STORDAL, Om stilkete og kjukeformete piggsopper i Norge (Occurrence and distribution of pileate hydnaceous fungi in Norway). *In* Blyttia 31: 103–127 (1973).

HALL, D. & D. E. STUNTZ, Pileate Hydnaceae of the Puget Sound area. I. White-spored genera: *Auriscalpium*, *Hericium*, *Dentinum* and *Phellodon*. *In* Mycologia 63: 1099–1128 (1972a).

———— & ————, Pileate Hydnaceae of the Puget Sound area. II. Brown-spored genera: *Hydnum*. *In* Mycologia 64: 15–37 (1972b).

———— & ————, Pileate Hydnaceae of the Puget Sound area. III. Brown-spored genus: *Hydnellum*. *In* Mycologia 64: 560–590 (1972c).

HARRISON, K. A., The stipitate hydnums of Nova Scotia. *In* Can. Dept. Agr. Publ. 1099 (1961).

————, New or little known North American stipitate hydnums. *In* Can. J. Bot. 42: 1205–1233 (1964).

————, Studies on the hydnums of Michigan. 1. Genera *Phellodon*, *Bankera*, *Hydnellum*. *In* Mich. Bot. 7: 212–264 (1968).

HARZER, C. A. F., Naturgetreue Abbildungen der vorzüglichsten essbaren, giftigen und verdächtigen Pilze. Dresden (1842).

KONRAD, P. & A. MAUBLANC, Icones selectae Fungorum 5. Paris (1925–1935).

MAAS GEESTERANUS, R. A., The stipitate Hydnums of the Netherlands–I. *Sarcodon* P. Karst. *In* Fungus 26: 44–60 (1956).

————, The stipitate Hydnums of the Netherlands–II. *Hydnellum* P. Karst. *In* Fungus 27: 50–71 (1957).

————, The stipitate Hydnums of the Netherlands–III. *Phellodon* P. Karst. and *Bankera* Coker & Beers ex Pouz. *In* Fungus 28: 48–61 (1958).

————, The stipitate Hydnums of the Netherlands–IV. *Auriscalpium* S. F. Gray, *Hericium* Pers. ex S. F. Gray, *Hydnum* L. ex Fr., and *Sistotrema* Fr. em. Donk. *In* Persoonia 1: 115–147 (1959).

————, Notes on Hydnums. *In* Persoonia 1: 341–384 (1960).

————, A correction. *In* Persoonia 2: 476 (1963).

MAAS GEESTERANUS, R. A., Notes on Hydnums–II. *In* Persoonia 3: 155–192 (1964).

————, Notes on Hydnums–VI. *In* Proc. K. Ned. Akad. Wet. (Ser. C) 70: 61–72 (1967a).

————, Quelques champignons hydnoïdes du Congo. *In* Bull. Jard. bot. natn. Belg. 37: 77–107 (1967b).

————, Notes on Hydnums–VII. *In* Persoonia 5: 1–13 (1967c).

————, Notes on Hydnums–VIII. *In* Proc. K. Ned. Akad. Wet. (Ser. C) 72: 213–221 (1969).

————, Hydnaceous fungi of the eastern Old World. *In* Verh. K. Ned. Akad. Wet., Afd. Natuurk., Tweede Reeks 60 (3) (1971).

————, Een nieuwe stekelzwam voor ons land. *In* Coolia 15: 144–145 (1972).

————, La typification de l'*Hydnellum concrescens*. *In* Bull. Soc. linn. Lyon 43 (Trav. mycol. déd. R. Kühner): 241–243 (1974a).

————, Notes on Hydnums–IX. *In* Proc. K. Ned. Akad. Wet. (Ser. C) 77: 215–227 (1974b).

MAAS GEESTERANUS, R. A. & J. A. NANNFELDT, The genus *Sarcodon* in Sweden in the light of recent investigations. *In* Svensk bot. Tidskr. 63: 401–440 (1969).

MICHAEL, E.—B. HENNIG, Handbuch für Pilzfreunde. Zweiter Band. Nichtblätterpilze. Jena (1960).

MICHAEL, E.—R. SCHULZ, Führer für Pilzfreunde. Leipzig (1922–1927). (Autoren-Angabe zwar unrichtig, aber das Werk ist von jeher unter diesen beiden Namen bekannt).

NIKOLAJEVA, T. L., Familia Hydnaceae. *In* Fl. sporov. Rast. SSSR 6 (2) (1961).

RICKEN, A., Vademecum für Pilzfreunde. Leipzig. 2. Aufl. (1920).

ROMAGNESI, H., Nouvel atlas des Champignons 4 (1967).

STEINMANN, H., Der seltene Stachelpilz *Sarcodon martioflavus* (Snell et al.) ist in der Bundesrepublik nachgewiesen worden. *In* Südwestdtsch. Pilzrundschau 8: 8 (1972).

SUBER, N., I svampskogen. 2. Ed. Uddevalla (1968).

ERKLÄRUNGEN ZU DEN FARBTAFELN

Die zwischen Klammern aufgeführten Namen (von Os oder Maas G.) verweisen auf die Maler des entsprechenden Bildes. So weit nicht anders vermerkt, sind die Pilze in natürlicher Größe dargestellt worden.

Tafel 1

Bankera fuligineo-alba. — Abb. a: Schweiz, Kanton Uri, Amsteg, Dörflibannwald, 6. Sept. 1970, R. A. Maas Geesteranus 15380 (L); kleine Exemplare, sonst typisch, frisch (Maas G.). — Abb. b: Dänemark, Jylland, Skagen, Bunken Klitplantage, 8. Okt. 1972, R. A. Maas Geesteranus 15469 (L); Hutrand nach längerer Trockenperiode geschrumpft und braun, Pilz sonst frisch (Maas G.). — Abb. c: Polen, Masuren, Zabłudów, südlich von Białystok, 4. Sept. 1966, R. A. Maas Geesteranus 14892 (L); trockener Fruchtkörper im Längsschnitt (Maas G.).

Tafel 2

Bankera violascens. — Abb. a: Schweiz, Kanton Uri, Maderanertal, Bristen, Waldiberg, 8. Sept. 1970, R. A. Maas Geesteranus 15390 (L); junge, charakteristisch verzweigte Fruchtkörper, frisch (Maas G.). — Abb. b: Schweiz, Kanton Uri, Maderanertal, Bristen, Hagglisberg, 14. Sept. 1972, R. A. Maas Geesteranus 15457 (L); junges Exemplar mit beginnender Schuppenbildung, frisch (Maas G.). — Abb. c: Norwegen, Akershus, Ås, Holter, 22. Aug. 1964, J. Thoresen (O); trocken (van Os).

Tafel 3

Bankera violascens: Schweiz, Kanton Uri, Maderanertal, Bristen, Waldiberg, 8. Sept. 1970, R. A. Maas Geesteranus 15390 (L); sehr altes, schuppenlos gebliebenes Exemplar, frisch; jüngere Fruchtkörper vom gleichen Standort abgebildet auf Taf. 2 Abb. a (Maas G.).

Tafel 4

Phellodon confluens. — Abb. a: Niederlande, Overijssel, Colmschate, De Bannink, 3. Okt. 1971, G. & H. Piepenbroek (L); frisch (van Os). — Abb. b: Großbritannien, England, Berkshire, Windsor Great Park, Swinley Park, 21. Sept. 1969, R. A. Maas Geesteranus 15336 (L); frisch (Maas G.). — Abb. c: Niederlande, Overijssel, Denekamp, De Borg, 1. Sept. 1968, R. A. Maas Geesteranus 15288 (L); frisch (Maas G.). — Abb. d: Norwegen, Hordaland, Tysnes, Uggdal, Beltestad, Aug. 1957, R. Hvoslef (O); typische Farbe des getrockneten Materials (van Os).
Phellodon melaleucus. — Abb. e: Großbritannien, England, Berkshire, Windsor Great Park, Caesar's Camp, 3. Okt. 1968, E. E. Green & R. A. Maas Geesteranus 15327 (L); frisch (van Os).

Tafel 5

Phellodon melaleucus. — Abb. a: Großbritannien, England, Berkshire, Windsor Great Park, Swinley Park, 3. Okt. 1968, E. E. Green & R. A. Maas Geesteranus 15296 (L); frisch (Maas G.). — Abb. b: Dänemark, Jylland, Arnborg, Holt Plantage,

11. Okt. 1972, A. Hauerbach & R. A. Maas Geesteranus 15475 (L); blaße Form, frisch (van Os). — Abb. c: Niederlande, Overijssel, Colmschate, De Bannink, 3. Sept. 1972, G. & H. Piepenbroek 512 (L); dunkle Form, frisch (Maas G.).
Phellodon niger. — Abb. d: Großbritannien, England, Berkshire, Windsor Great Park, Swinley Park, 3. Okt. 1968, E. E. Green & R. A. Maas Geesteranus 15298 (L); junge frische, völlig durchfeuchtete Fruchtkörper mit der charakteristischen Violettfärbung des Hutfilzes (Maas G.). — Abb. e: Schweiz, Kanton Bern, Brienz, Schwanden, 10. Sept. 1972, Anonymus (L); trocken (van Os).

Tafel 6

Phellodon niger. — Abb. a: Belgien, Namur, Rochefort, Resteigne, 29 Sept. 1968, J. Daams (L); frisch (van Os). — Abb. b: Bundesrepublik Deutschland, Rheinland-Pfalz, Gerolstein, Pelmer Wald, 18. Sept. 1970, C. Bas 5402 (L); frisch, aber schon etwas eintrocknend (Maas G.).
Phellodon tomentosus. — Abb. c: Dänemark, Jylland, Herning, Rind Plantage, 28. Aug. 1970, A. Hauerbach (Herb. Hauerbach); typische Gruppe mit stark ausgeprägter, radiärer Hutmarkierung und konzentrischen Zonen, trocken (van Os). — Abb. d: Schweiz, Kanton Uri, Amsteg, Dörflibannwald, 6. Sept. 1970, R. A. Maas Geesteranus 15383 (L); Gruppe mit wenig ausgeprägter Markierung der Hutoberseite, frisch (van Os).

Tafel 7

Hydnum repandum. — Abb. a: Polen, Świeta Katarzyna, Dolina Wilkowska, 9. Sept. 1966, R. A. Maas Geesteranus 14930 (L); kräftig gefärbte Fruchtkörper, frisch (Maas G.). — Abb. b: Dänemark, Jylland, Herning, Rind Plantage, 10. Okt. 1972, R. A. Maas Geesteranus 15472 (L); Fruchtkörper mit der „üblichen" Hutfarbe, frisch (Maas G.). — Abb. c: Dänemark, Jylland, Arnborg, Holt Plantage, 11. Okt. 1972, R. A. Maas Geesteranus 15474 (L), Hutform und Farbe ungewöhnlich; frisch (Maas G.).

Tafel 8

Hydnum repandum: Niederlande, Friesland, Olterterp, 3. Okt. 1963, L. H. A. Montijn (L); typisch, das größere Exemplar ausgebleicht und grünlich (Farbe in der Abbildung jedoch zu schwach), frisch (Maas G.).

Tafel 9

Hydnum rufescens. — Abb. a: Bundesrepublik Deutschland, Rheinland-Pfalz, südöstlich von Blankenheim, 19. Sept. 1970, C. Bas 5412 (L); frisch (Maas G.). — Abb. b: Österreich, Ober-Österreich, Almseegebiet, 3. Sept. 1973, J. Bächler (L); frisch (Maas G.). — Abb. c: Belgien, Namur, Rochefort, Bois de Niau, 28. Sept. 1968, C. Bas 5027 (L); frisch (van Os). — Abb. d: Schweiz, Kanton Luzern, Sörenberg, 1. Sept. 1970, Anonymus (L); frisch (Maas G.).

Tafel 10

Hydnellum peckii. — Abb. a: Norwegen, Hedmark, Eidskog zwischen Ljoner und Bolfoss, 16. Aug. 1953, A. J. Eisval (O); in tiefem Moos gewachsenes Exemplar mit üppig entwickeltem Stielfilz, trocken (van Os). — Abb. b: Schweden, Dalarne, Rättvik Kirchspiel, Nittsjö, 18. Aug, 1953, Frl. M. Tengstrand (UPS); junge Exemplare mit weißem Hutfilz und bräunlichen Druckstellen, trocken (van Os). — Abb. c: Schweden, Dalarne, Rättvik Kirchspiel, ohne Fundortangabe, 1. Sept. 1953,

Frl. M. Tengstrand (UPS); ältere Exemplare mit beginnender Bräunung in der Hutmitte, trocken (van Os). — Abb. d: Finnland, Uusimaa, Fagervik, 16. Sept. 1962, O. von Schulmann (L); junges Exemplar im Längsschnitt, die schwärzlichen Fleckchen im Stiel zeigend, trocken (Maas G.). — Abb. e: Schweiz, Kanton Luzern, Sörenberg, 1. Sept. 1970, R. A. Maas Geesteranus 15345 (L); in feuchtem Wald gesammelt, frisch (Maas G.). — Abb. f: Schweiz, Kanton Obwalden, Sattelpass, Zwirchi Alp, 8. Sept. 1971, R. A. Maas Geesteranus 15436 (L); bei feuchtem Wetter gesammelt, frisch (Maas G.).

Tafel 11

Hydnellum aurantiacum. — Abb. a: Schweiz, Kanton Luzern, Sörenberg, Cheiserschwand, 2. Sept. 1970, J. Breitenbach (L); junge Exemplare mit feingrubig vertieftem Hut, frisch (Maas G.). — Abb. b: Schweiz, Kanton Uri, Maderanertal, Bristen, Waldiberg, 8. Sept. 1970, R. A. Maas Geesteranus 15387 (L); zwei junge Exemplare vom gleichen Standort aber mit verschiedener Hutentwicklung, frisch (Maas G.). — Abb. c: Schweiz, Kanton Obwalden, Forst Giswil, 6. Sept. 1971, Anonymus (L); junges Exemplar mit aus der Hutmitte hinaustretenden, lappigen Auswüchsen, frisch (Maas G.). — Abb. d: Dänemark, Jylland, Herning, Rind Plantage, 9. Okt. 1972, A. Hauerbach (L); ziemlich junges Exemplar einer Form, welche durch eine fahle, bald graubraun werdende Farbe ausgezeichnet ist, frisch (Maas G.). — Abb. e: Norwegen, Akershus, Ski, Sagstuen, 8. Sept. 1957, J. Stordal (O); in tiefem Moos gewachsen, trocken (van Os). — Abb. f: Norwegen, Akershus, Skulerud, Østmarka, 26. Juli 1953, Frau Loennecken (O); ausgereiftes Exemplar mit trichterig vertieftem, schwach gezontem Hut, trocken (van Os). — Abb. g: Norwegen, Ö. Aker, Ulsrud vatnet, Aug. 1953, F.-E. Eckblad (O); schmächtige, alte Exemplare mit stark trichterig vertieftem Hut, trocken (van Os).

Tafel 12

Hydnellum aurantiacum. — Abb. a: Norwegen, Buskerud, Hurum, Sem, 16. Sept. 1934, P. Störmer (O); ausgereiftes Exemplar mit deutlich gezontem Hut, trocken (van Os). — Abb. b: Frankreich, Département Ain, Umgebung Martignat, 28. Sept. 1957, H. S. C. Huijsman (L); Exemplar im Längsschnitt, die für die Art charakteristische Farbenabstufung des Fleisches zeigend: unten orangebraun, oben weißlich (im Bild zu gelblich), trocken (Maas G.)
Hydnellum auratile. — Abb. c: Schweiz, Kanton Bern, Brienzwiler, Weissensee, 6. Sept. 1971, Anonymus (L); trocken (van Os). — Abb. d: Bundesrepublik Deutschland, Rheinland-Pfalz, Gerolstein, Pelmer Wald, 18. Sept. 1970, C. Bas 5401 (L); ungewöhnlich kräftig entwickelt, Hutzonierung typisch, frisch (Maas G.). — Abb. e: Frankreich, Département Ain, Umgebung Martignat, 28. Sept. 1957, H. S. C. Huijsman (L); Exemplar im Längsschnitt, die für die Art charakteristische Farbe des Fleisches zeigend: unten und oben gleichfarbig orangebraun, trocken (van Os).

Tafel 13

Hydnellum caeruleum. — Abb. a: Schweiz, Kanton Obwalden, Kägiswil, 1. Sept. 1970, A. Leeb (L); ganz junge Exemplare, bei feuchter Witterung gesammelt, frisch (Maas G.). — Abb. b: Bundesrepublik Deutschland, Rheinland-Pfalz, Gerolstein, Pelmer Wald, 18. Sept. 1970, C. Bas 5404 (L); ziemlich junge Fruchtkörper, frisch (Maas G.). — Abb. c: Bundesrepublik Deutschland, Rheinland-Pfalz, Gerolstein, Pelmer Wald, 18. Sept. 1970, C. Bas 5403 (L); ein etwas älteres Exemplar mit sich zusammenlegendem und bräunlich verfärbendem Hutfilz, frisch (van Os).

Tafel 14

Hydnellum caeruleum. — Abb. a: Bundesrepublik Deutschland, Baden-Württemberg, Tuttlingen, Witthoh Wald, 7. Sept. 1971. H. Ploss (L); junge Exemplare, während einer anhaltenden Trockenperiode gesammelt, frisch (Maas G.). — Abb. b: Frankreich, Département Ain, zwischen Montréal und Martignat, 3. Okt. 1958, R. A. Maas Geesteranus 12873 (L); sehr alte Fruchtkörper, trocken (van Os). — Abb. c: Bundesrepublik Deutschland, Baden-Württemberg, Umgebung Schwäbisch Gmünd, Aug. 1967, Anonymus (L); zweifach vergrößerte Abbildung eines jungen Exemplars im Längsschnitt, trocken (van Os).

Tafel 15

Hydnellum suaveolens. — Abb. a: Schweiz, Kanton Obwalden, Arben oberhalb Halden bei Sarnen, 31. Aug. 1970, R. A. Maas Geesteranus 15342 (L); zwei Fruchtkörper aus derselben Gruppe, Hut des jüngeren Exemplars von oben gesehen, frisch (Maas G.). — Abb. b: Schweiz, Kanton Obwalden, Arben oberhalb Halden bei Sarnen, 31. Aug. 1970, R. A. Maas Geesteranus 15348 (L); Hutoberseite eines erwachsenen Fruchtkörpers, frisch (Maas G.).

Tafel 16

Hydnellum suaveolens. — Abb. a: Schweden, Uppland, Börje Kirchspiel, Ströby, 16. Aug. 1952, M. A. Donk & J. A. Nannfeldt (L); zweifach vergrößerte Abbildung eines jungen Exemplars im Längsschnitt, trocken (van Os).
Hydnellum compactum. — Abb. b: Niederlande, Overijssel, Steenwijk, De Eeze, 4. Sept. 1972, P. Ypelaar (L); dreifach vergrößerte Abbildung eines jungen Exemplars, trocken (Maas G.). — Abb. c: Niederlande, Overijssel, Steenwijk, De Eeze, 31. Aug. 1968, J. J. Barkman 8685 (L); jung, frisch (Maas G.).

Tafel 17

Hydnellum compactum. — Abb. a: Niederlande, Overijssel, Steenwijk, De Eeze, 31. Aug. 1968, J. J. Barkman 8685 (L); vollkommen mit einander verwachsene, ältere Fruchtkörper, frisch (Maas G.).
Hydnellum mirabile. — Abb. b: Norwegen, Buskerud, Ringerike, Vik i Hole, 12. Aug. 1969, Frl. G. Gulden 716/69 (O); zweifach vergrößerte Abbildungen einiger jungen Fruchtkörper, trocken (Maas G.).

Tafel 18

Hydnellum mirabile. — Abb. a: Schweiz, Kanton Uri, Amsteg, Bruschti, 7. Sept. 1970, R. A. Maas Geesteranus 15384 (L); frisch (Maas G.).
Hydnellum coalitum. — Abb. b: Frankreich, Jura, zwischen Billiat und Lhopital, 28. Okt. 1969, V. Demoulin (L); trocken (van Os).
Hydnellum concrescens. — Abb. c: Niederlande, Noord-Brabant, Eindhoven, Eckart, 5. Sept. 1971, Frau M. van Wieringen; zweifach vergrößerte Abbildungen einiger Entwicklungsstufen, nach einer Farbaufnahme, frisch (van Os).

Tafel 19

Hydnellum concrescens. — Abb. a: Niederlande, Noord-Brabant, Eindhoven, Eckart, Sept. 1971, Frau M. van Wieringen; stark verwachsene Fruchtkörper aus der gleichen Gruppe wie in Abb. 18a, nach einer etwa zwei Wochen später aufgenommenen Farbaufnahme, frisch (van Os). — Abb. b: Schweden, Östergötland,

Gryt Kirchspiel, Gamla Grytö, 17. Sept. 1950, J. A. Nannfeldt 11184 (UPS); Hut dicht mit gelblichen Exkretionshäufchen übersät, trocken (van Os). — Abb. c: Niederlande, Noord-Brabant, Eindhoven, Eckart, 14. Sept. 1968, Frau A. Reusen (L); ganz typisch: Hut etwas vertieft, mit radiären Runzeln und vielen konzentrischen Farbzonen, dünnfleischig, frisch (van Os). — Abb. d: Niederlande, Drente, Lheebroekerzand, 20. Sept. 1968, A. K. Masselink (L); eine häufige und vielfach mit H. scrobiculatum verwechselte Form, frisch (van Os).

Tafel 20

Hydnellum cumulatum. — Abb. a: Tschechoslowakei, Süd-Böhmen, Šalmanovice, südlich von Třeboň, 31. Aug. 1960, C. Bas 2058 (L); trocken (van Os).
Hydnellum ferrugineum. — Abb. b: Schweden, Östergötland, Gryt Kirchspiel, Korsudden, 28. Aug. 1944, J. A. Nannfeldt 7347 (UPS); junge Fruchtkörper, trocken (van Os). — Abb. c: Schweden, Småland, Femsjö Kirchspiel, nordöstlich von Metesjö, 16. Sept. 1939, S. Lundell (UPS); eines der Exemplare des Neotypus, trocken (van Os). — Abb. d: Norwegen, Buskerud, Ringerike, Vik i Hole, 6. Sept. 1968, Frl. G. Gulden 805/68 (O); trocken (van Os).

Tafel 21

Hydnellum ferrugineum. — Abb. a: Schweiz, Kanton Uri, Amsteg, Dörflibannwald, 6. Sept. 1970, R. A. Maas Geesteranus 15379 (L); kleiner Rasen von dicht zusammenstehenden jungen Fruchtkörpern, zum Teil mit eingetrockneten „Bluttropfen", frisch (Maas G.). — Abb. b: Dänemark, Jylland, Kibaek, Harreskov, 11. Okt. 1972, A. Hauerbach & R. A. Maas Geesteranus 15476 (L); wuchtiger Fruchtkörper mit rauher Hutoberfläche, frisch (van Os). — Abb. c: Österreich, Tirol, Rappen bei Imst, 1. Okt. 1973, J. Breitenbach (L); ziemlich junger Fruchtkörper im Längsschnitt, trocken (Maas G.).

Tafel 22

Hydnellum gracilipes. — Abb. a: Schweden, Södermanland, Nacka Kirchspiel, südlich vom Saltsjö-Duvnäs Bahnhof, 5. Aug. 1948, G. Haglund & R. Rydberg (UPS); trocken (Maas G.).
Hydnellum scrobiculatum. — Abb. b: Schweiz, Kanton Uri, Maderanertal, Bristen, Hagglisberg, 14. Sept. 1972, R. A. Maas Geesteranus 15455 (L); trocken (van Os). — Abb. c: Schweiz, Kanton Uri, Amsteg, Bruschti, 7. Sept. 1970, R. A. Maas Geesteranus 15385 (L); trocken (van Os). — Abb. d: Schweden, Uppland, Bondkyrka Kirchspiel, Norby skog, 12. Sept. 1945, S. Lundell (UPS); schmächtige, in tiefem Moos gewachsene, junge Exemplare, trocken (van Os).
Hydnellum spongiosipes. — Abb. e: Niederlande, Drente, Spier, 19. Sept. 1961, R. A. Maas Geesteranus 13540 (L); junge Exemplare, frisch (Maas G.). — Abb. f: Niederlande, Drente, Dwingelo, 31. Aug. 1968, J. J. Barkman 8693 (L); dürftig entwickelt, in tiefem Moos gewachsen, trocken (van Os).

Tafel 23

Hydnellum spongiosipes. — Abb. a: Niederlande, Gelderland, Bennekom, 10. Sept. 1960, J. Doorenbos (L); schmächtiges, in tiefem Humus gewachsenes Exemplar, trocken (Maas G.). — Abb. b: Niederlande, Gelderland, Rheden, De Steeg, Middachterbos, 8. Sept. 1957, R. A. Maas Geesteranus 12374 (L); kleiner Rasen von dicht zusammenstehenden Fruchtkörpern, mit den abgestorbenen Pilzen der vorigen Wachstumsperiode fest verwachsen, trocken (van Os). — Abb. c: Niederlande, Drente, Dwingelo, Lheederzand, 29. Aug. 1963, R. A. Maas Geesteranus 13934 (L); Fruchtkörper mit rauher Hutoberfläche und *H. ferrugineum* ganz ähnlich aussehend, trocken (van Os).

Hydnellum tardum. — Abb. d: B u n d e s r e p u b l i k D e u t s c h l a n d , Baden-Württemberg, Kreis Calw, Schönbrunn, Waldteil Mähdich, 10. Sept. 1971, E. Dahlem & H. Neubert (L); Teil des Holotypus, trocken (van Os).

Tafel 24

Hydnellum geogenium. — Abb. a: N o r w e g e n , Oslo [unleserlich], Ullernåsen, Sept. 1934, F. C. Sörlye (O); trocken (van Os). — Abb. b: N o r w e g e n , Akershus, Asker, Sept. 1970, Frau Anne Lodberg-Holm (O); zweifach vergrößerte Abbildung eines jungen Fruchtkörpers, trocken (van Os). — Abb. c: S c h w e i z , Kanton Bern, Brienz, Gwand, 9. Sept. 1972, Anonymus (L); trocken (van Os).

Sarcodon imbricatus. — Abb. d: S c h w e i z , Kanton Obwalden, Arben oberhalb Halden bei Sarnen, 31. Aug. 1970, R. A. Maas Geesteranus 15343 (L); junges Exemplar, dessen Hut schon stark schuppig aufgespalten ist, frisch (Maas G.). — Abb. e: S c h w e i z , Kanton Obwalden, Sattelpass, Zwirchi Alp, 8. Sept. 1971, R. A. Maas Geesteranus 15434 (L); junges Exemplar, mit gleichfalls stark schuppigem Hut, frisch (Maas G.). — Abb. f: N o r w e g e n , Telemark, Heddal, Finlien, 27. Sept. 1959, J. Stordal (O); altes Exemplar mit den ersten Anzeichen des Verfalls (trichterförmige Vertiefung der Hutmitte und Schwund der Schuppen), trocken (van Os).

Tafel 25

Sarcodon imbricatus. — Abb. a: S c h w e i z , Kanton Bern, Brienz, Axalp, 9. Sept. 1972, R. A. Maas Geesteranus 15444 (L); blaße Form, wenig ausgeprägte Schuppen, frisch (Maas G.). — Abb. b: N i e d e r l a n d e , Gelderland, zwischen Otterlo und Hoenderlo, 12. Okt. 1968, C. Bas 5057 (L); größeres Exemplar, frisch (van Os); kleineres, im Längsschnitt, frisch (Maas G.).

Tafel 26

Sarcodon imbricatus. — Abb. a: S c h w e i z , Kanton Bern, Brienz, Axalp, 9. Sept. 1972, R. A. Maas Geesteranus 15445 (L); blaße Form mit den typischen, abgestutzt pyramidalen Schuppen, frisch (Maas G.). — Abb. b: N o r w e g e n , Vest-Agder, Odderness Kirchspiel, Stitjern, 9. Okt. 1955, J. Johannessen (O); dunkle Form, trocken (van Os).

Tafel 27

Sarcodon leucopus. — S c h w e i z , Kanton Graubünden, Arosa, 27. Sept. 1968, E. Rahm (L); frisch empfangenes Material (van Os).

Tafel 28

Sarcodon leucopus. — Abb. a: S c h w e i z , Kanton Graubünden, Arosa, 13. Aug. 1973, E. Rahm (L); frisch empfangen (van Os). — Abb. b: N o r w e g e n , Vest-Agder, Kristiansand, Krogen, 14. Sept. 1968, O. Simonsen (O); blaße Form, trocken (van Os). — Abb. c: N o r w e g e n , Fundort nicht erwähnt, 23. Aug. 1965, Frl. Eva Lund (O); dunkle Form, trocken (van Os).

Tafel 29

Sarcodon versipellis. — Abb. a: N o r w e g e n , Akershus, Ski, Aug. 1967, T. Lunder (O); trocken (van Os). — Abb. b: S c h w e i z , Kanton Schwyz, Ibergeregg, 30. Aug. 1970, A. Leeb (L); frisch (Maas G.).

Tafel 30

Sarcodon versipellis. — Abb. a: Norwegen, N. Trøndelag, Namdalsvid Kirchspiel, Almli, 16. Aug. 1969, J. Stordal (O); junge Fruchtkörper mit der in trockenem Zustand charakteristischen lila Farbe (van Os). — Abb. b: Schweiz, Kanton Schwyz, Sattel, Mädern, 24. Aug. 1969, J. Schwegler (L); frisch empfangen, das kleinere Exemplar im Längsschnitt (Maas G.).

Tafel 31

Sarcodon fennicus. — Abb. a: Schweden, Uppland, Bro Kirchspiel, Säbyholm, 18. Sept. 1922, E. Ingelström (S); trocken (van Os). — Abb. b: Schweden, Södermanland, Södertörn, Nynäs Hamn, 13. Sept. 1908, C. H. Kauffman (S); junger Fruchtkörper, Stielbasis noch vollkommen von weißem Myzel überzogen, trocken (Maas G.). — Abb. c: Marokko, Tanger, Jbel Kbir, 1. Dez. 1972, R. Bertault 12347 (L); aus den letzten Jahren sind mir keine wirklich brauchbaren, europäischen Proben bekannt, weshalb hier dieses Material gezeigt wird, trocken (Maas G.). *Sarcodon glaucopus.* — Abb. d: Schweiz, Kanton Uri, Amsteg, Dörflibannwald, 6. Sept. 1970, R. A. Maas Geesteranus 15372 (L); frisch (Maas G.).

Tafel 32

Sarcodon lepidus. — Abb. a: Niederlande, Gelderland, Lochem, Ampsen, 26. Sept. 1971, G. & H. Piepenbroek (L); Holotypus, frisch (Maas G.). *Sarcodon regalis.* — Abb. b: Großbritannien, Berkshire, Windsor Great Park, Swinley Park, 3. Okt. 1968, R. A. Maas Geesteranus 15291 (L); Syntypus, frisches Material, aber alt und etwas durch Transport beschädigt (van Os). — Abb. c: Großbritannien, Berkshire, Windsor Great Park, Swinley Park, 21. Sept. 1969, R. A. Maas Geesteranus 15334 (L); Syntypus, frisch (Maas G.).

Tafel 33

Sarcodon regalis. — Abb. a: Bundesrepublik Deutschland, Baden-Württemberg, Tuttlingen, Witthoh Wald, 7. Sept. 1971, H. Ploss (L); frisch (Maas G.). *Sarcodon scabrosus.* — Abb. b: Niederlande, Drente, Dwingelo, 9. Aug. 1968, J. J. Barkman 8682 (L); sehr junges Exemplar mit beginnender Aufspaltung der Hutoberfläche, frisch (Maas G.). — Abb. c: Schweiz, Kanton Schwyz, Sattel, Mädern, 16. Aug. 1970, J. Schwegler (L); junge Fruchtkörper, frisch. Es sind solche Exemplare, die für Konrad & Maublanc als *S. amarescens* galten (Maas G.). — Abb. d: Bundesrepublik Deutschland, Baden-Württemberg, Tuttlingen, Witthoh Wald, Okt. 1969, H. Steinmann (L); Fruchtkörper im Längsschnitt mit stark schuppig-eingerißener Hutoberfläche, frisch (Maas G.).

Tafel 34

Sarcodon scabrosus. — Abb. a: Großbritannien, Berkshire, Windsor Great Park, Swinley Park, 21. Sept. 1969, E. E. Green & R. A. Maas Geesteranus 15335 (L); zwei Fruchtkörper aus der gleichen Gruppe, aber mit stark verschiedener Hutentwicklung, frisch (Maas G.). — Abb. b: Niederlande, Overijssel, Denekamp, De Borg, 1. Sept. 1968, R. A. Maas Geesteranus 15289 (L); kräftig ausgewachsener, völlig typischer Fruchtkörper, frisch (van Os).

Tafel 35

Sarcodon scabrosus. — Abb. a: Niederlande, Overijssel, Colmschate, De Bannink, 3. Sept. 1972, G. & H. Piepenbroek 508a, 508b (L); während einer längeren Dürreperiode aus demselben Myzel gewachsene Fruchtkörper (508a, blaß, von einem mehr exponierten Wuchsort; 508b, dunkel, an einer mehr geschützten, günstigeren Stelle), frisch (van Os). — Abb. b: Niederlande, Gelderland, Lochem, Ampsen, 3. Sept. 1972, G. & H. Piepenbroek 505 (L); völlig atypisches Exemplar, durch eine längere Dürreperiode in seinem Wachstum gehemmt, frisch (Maas G.).

Tafel 36

Sarcodon cyrneus. — Abb. a: Korsika, südlich von Ajaccio, 18. Okt. 1972, V. Demoulin 4608 (L); Teil des Syntypus, trocken (van Os).
Sarcodon lundellii. — Abb. b: Schweden, Uppland, Bondkyrka Kirchspiel, Norby skog, 22. Aug. 1945, S. Lundell (UPS); trocken (van Os).
Sarcodon underwoodii. — Abb. c: Niederlande, Drente, Dwingelo, Lheederzand, 29. Aug. 1963, R. A. Maas Geesteranus 13935 (L); trocken (van Os). — Abb. d: Niederlande, Overijssel, Steenwijk, De Eeze, 31. Aug. 1968, J. J. Barkman 8686 (L); frisch, aber das größere Exemplar ziemlich stark durch Postversand beschädigt (van Os).

Tafel 37

Sarcodon species 1. — Abb. a: Norwegen, Akershus, Asker, Dikemark, 29. Aug. 1971, Kjell Kvavik (O); zweifach vergrößerte Abbildung, trocken (Maas G.).
Sarcodon martioflavus. — b: Kanada, Quebec, Ste. Anne de la Pocatière, 13. Sept. 1954, H. A. C. Jackson & W. H. Snell (Herb. W. H. Snell 3011); Teil des Holotypus (besonders ist auf die samtweiche Hutoberfläche zu achten), trocken (Maas G.). — Abb. c: Schweiz, Kanton Luzern, Umgebung Sörenberg, 4. Sept. 1970, F. Müller & J. Bächler (L); junge Fruchtkörper, eine Gruppe im Längsschnitt, frisch (Maas G.).

Tafel 38

Sarcodon fuligineo-violaceus. — Griechenland, Arkadhia, Vitina, 6. Nov. 1972, Frau M. E. Pantidou (Herb. M. E. Pantidou MP/H 1272); längsgeschnittener Fruchtkörper von zwei Seiten, trocken (van Os).

Tafel 39

Sarcodon fuligineo-violaceus. — Abb. a: Bundesrepublik Deutschland, Baden-Württemberg, Schwäbische Alb, Zwiefalten, 19. Aug. 1970, H. Haas (L); zwei Fruchtkörper, das kleinere Exemplar im Längsschnitt, trocken (van Os).
Sarcodon joeides. — Abb. b: Niederlande, Overijssel, Denekamp, De Borg, 31. Aug. 1968, J. Frencken (L); frisch (Maas G.). — Abb. c: Niederlande, Gelderland, Lochem, Ampsen, 30. Aug. 1971, G. & H. Piepenbroek (L); ein Fruchtkörper im Längsschnitt, frisch (van Os).

Tafel 40

Sarcodon joeides. — Abb. a: Niederlande, Drente, Dwingelo, 15. Aug. 1967, A. K. Masselink (L); Fruchtkörper im Längsschnitt, trocken (van Os).
Sarcodon atroviridis. — Abb. b: U.S.A., North Carolina, Macon Co., Coweeta Hydrological Lab., 15. Aug. 1971, R. H. Petersen & al. 36149 (L); anstelle der einzigen, kümmerlichen, europäischen Probe, wird hier nordamerikanisches Material gezeigt, trocken (Maas G.).

VERZEICHNIS DER PILZNAMEN

Neue Namen sind fett gedruckt; ausführliche Beschreibungen sind durch fett gedruckte Zahlenangaben hervorgehoben. Unterabteilungen der Gattungen werden mit dem § Zeichen angedeutet, schwarz/weiß Abbildungen mit *.

Familien, Gattungen und Sektionen

Arten und infraspezifische Einheiten

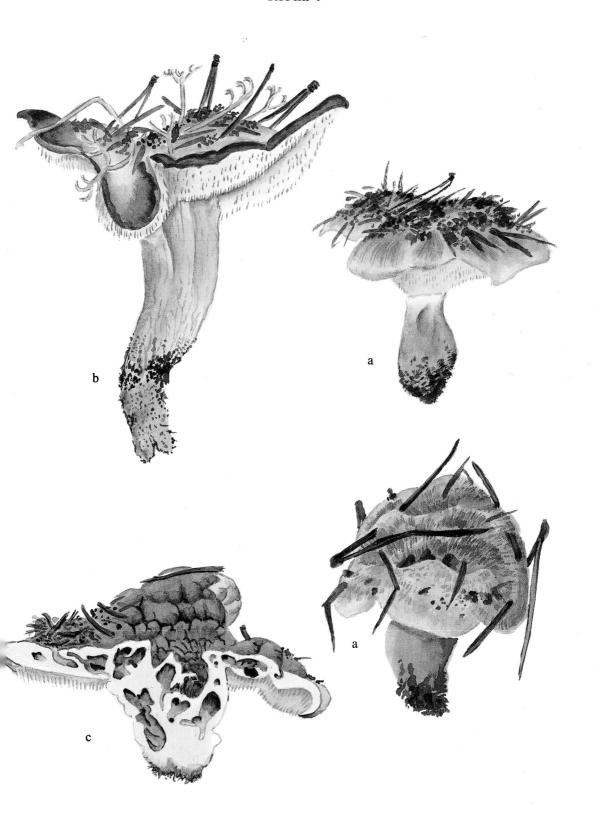

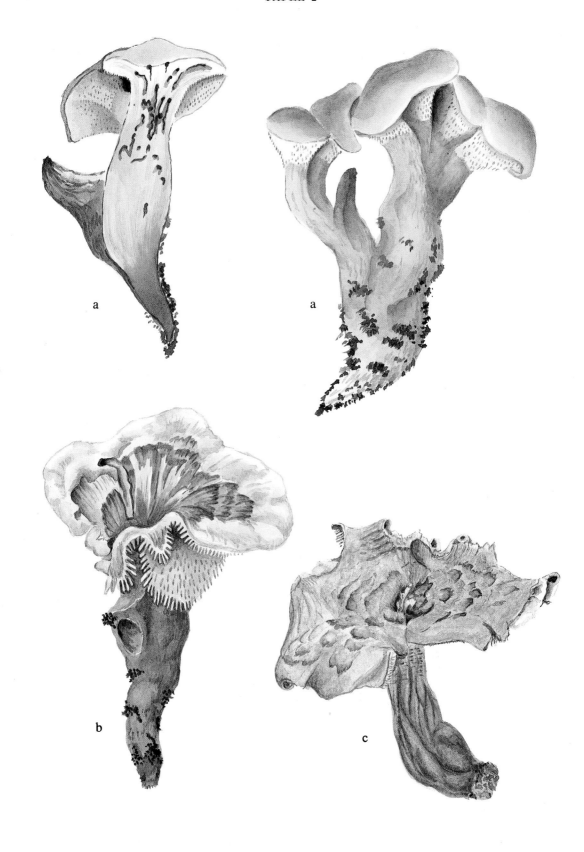

a

a

b

c

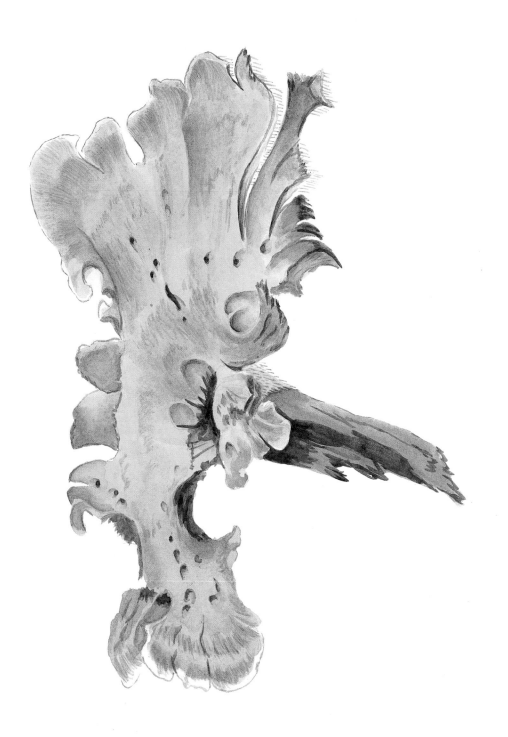

b

d

d

c

a

c

e

a

c   b

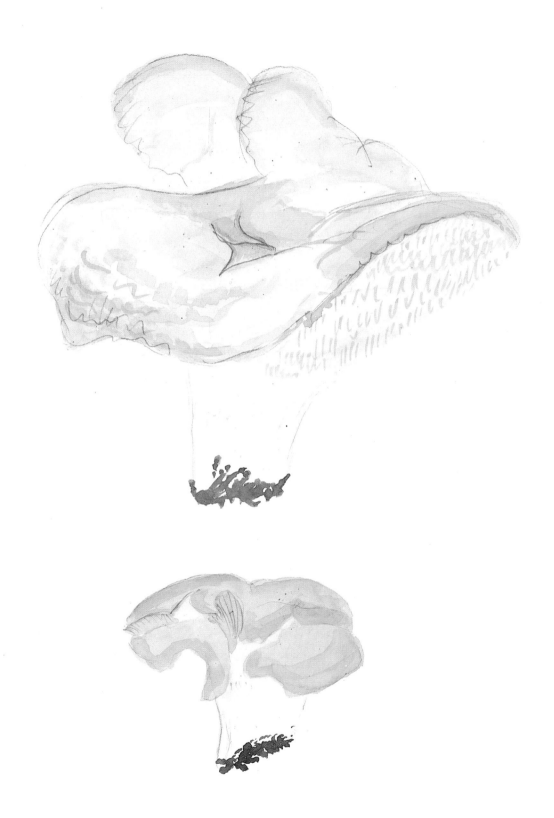

TAFEL 9

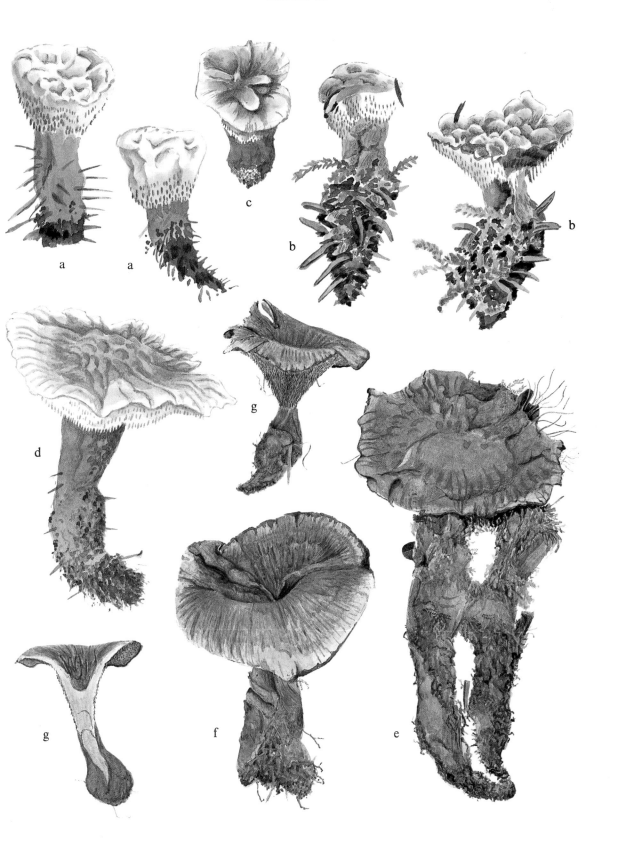

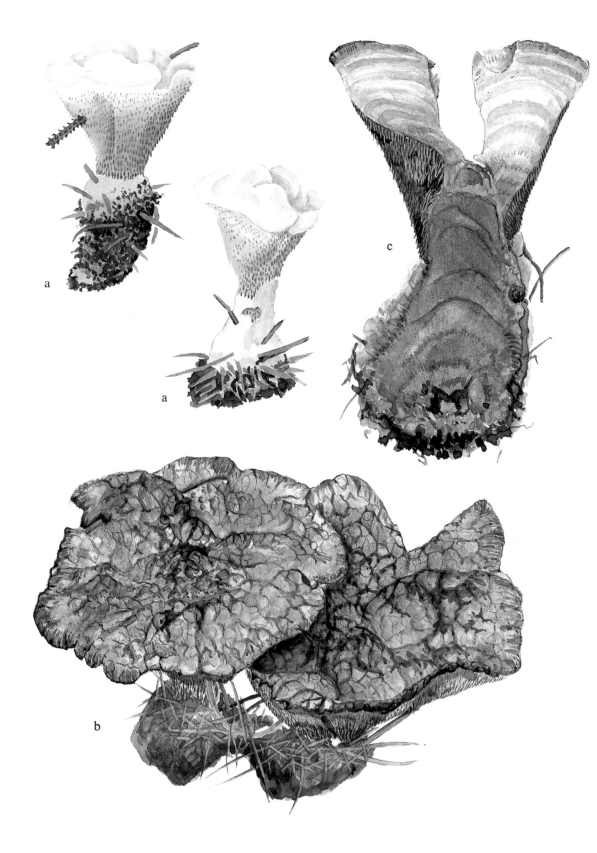

a

a

b

a

b

c

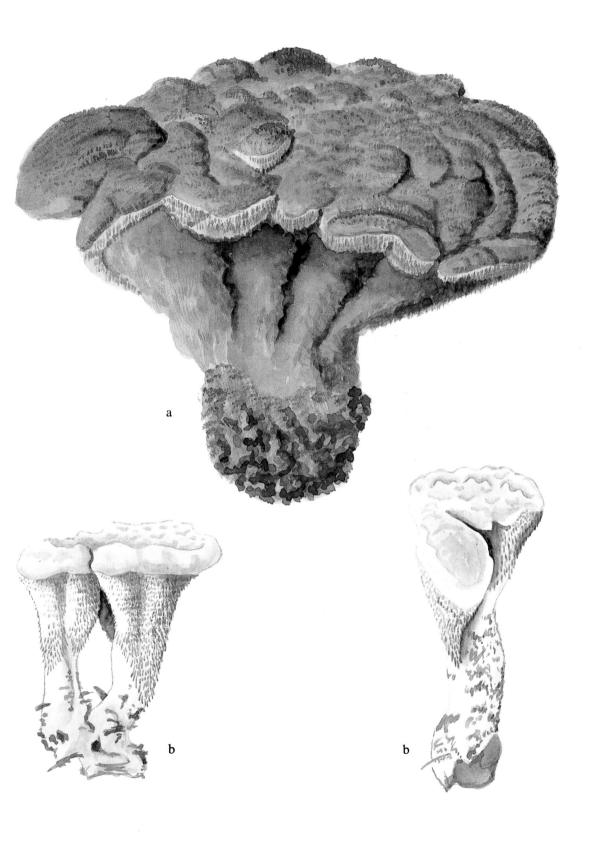

a

b

b

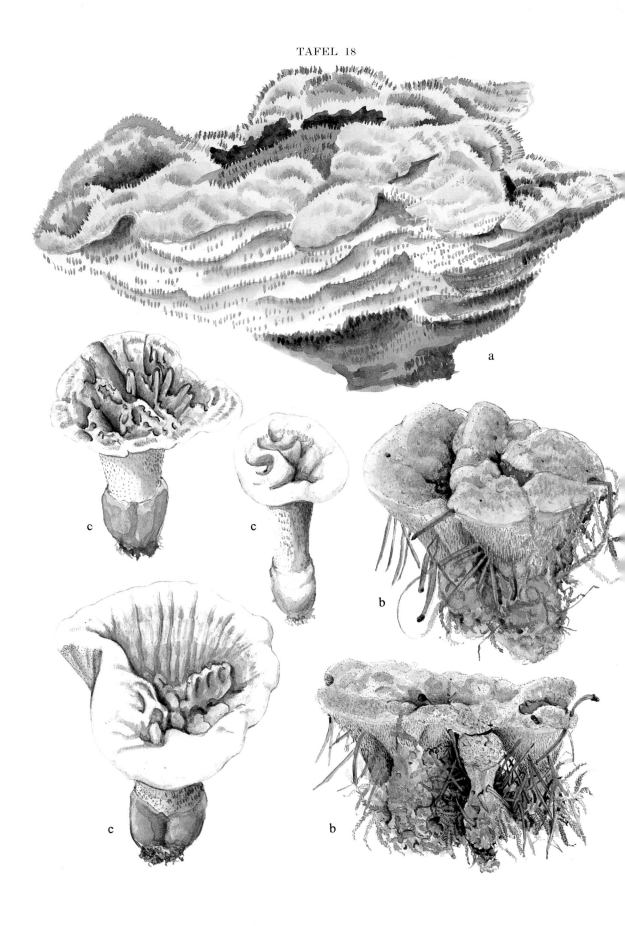

a

c

c

b

c

b

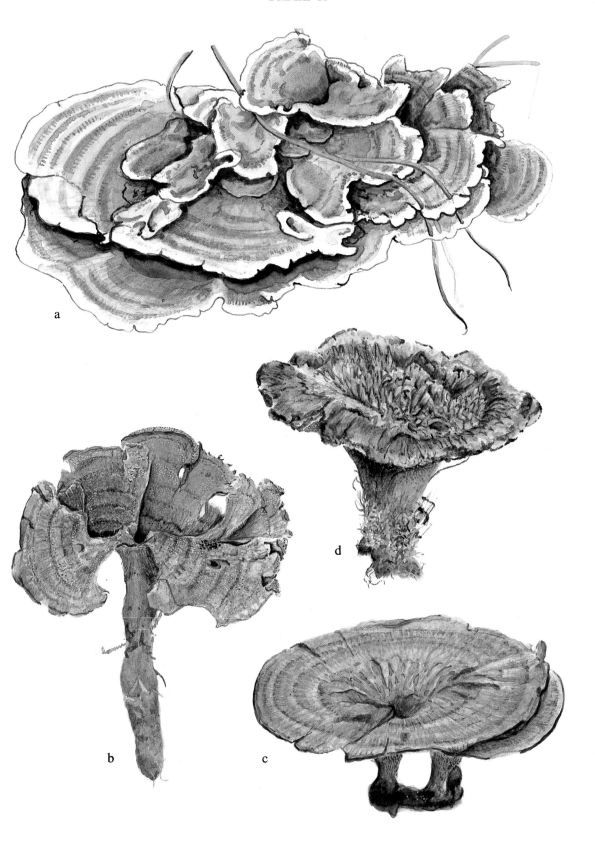

a

b

c

d

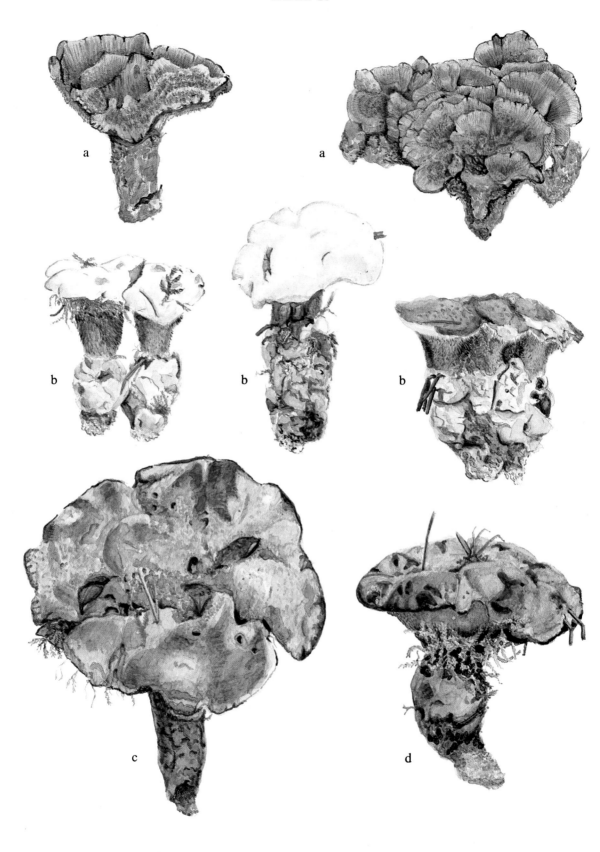

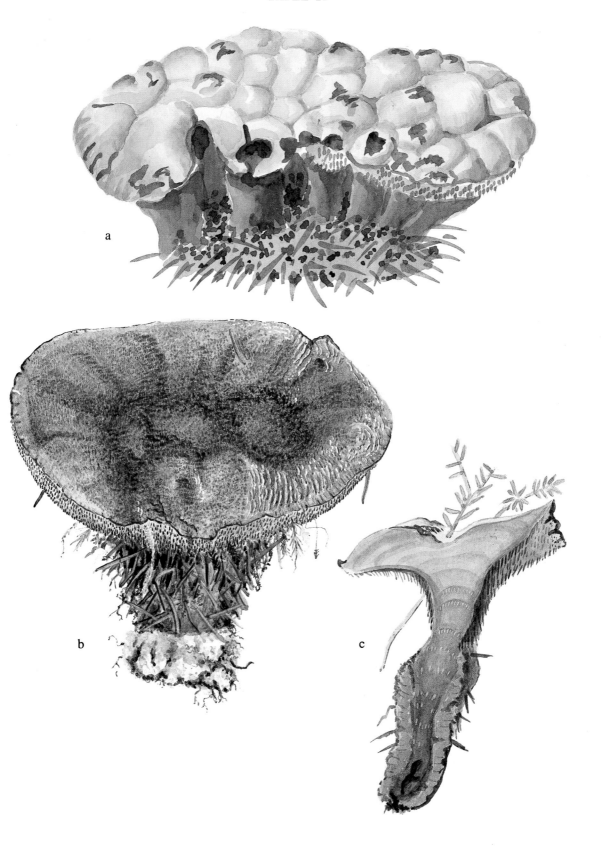

a

b

c

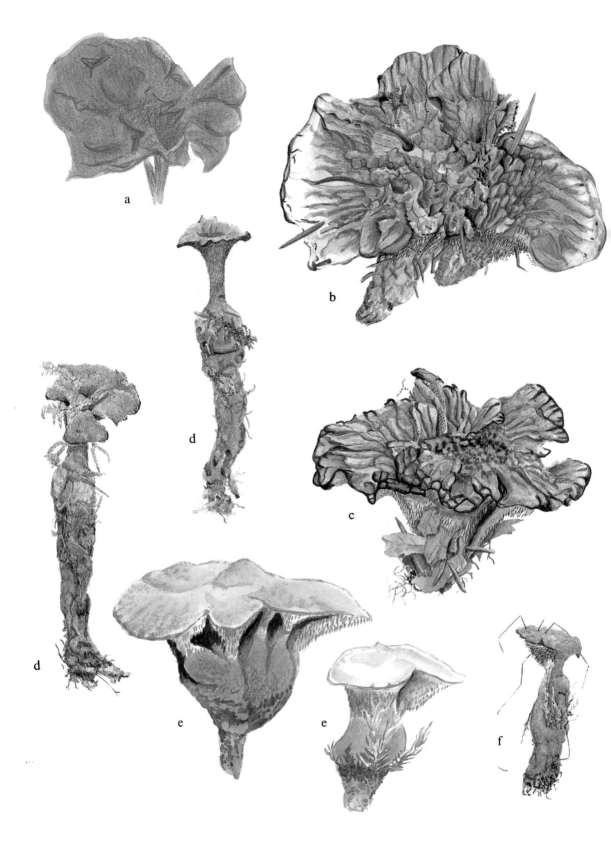

a

b

d

d

c

e

e

f

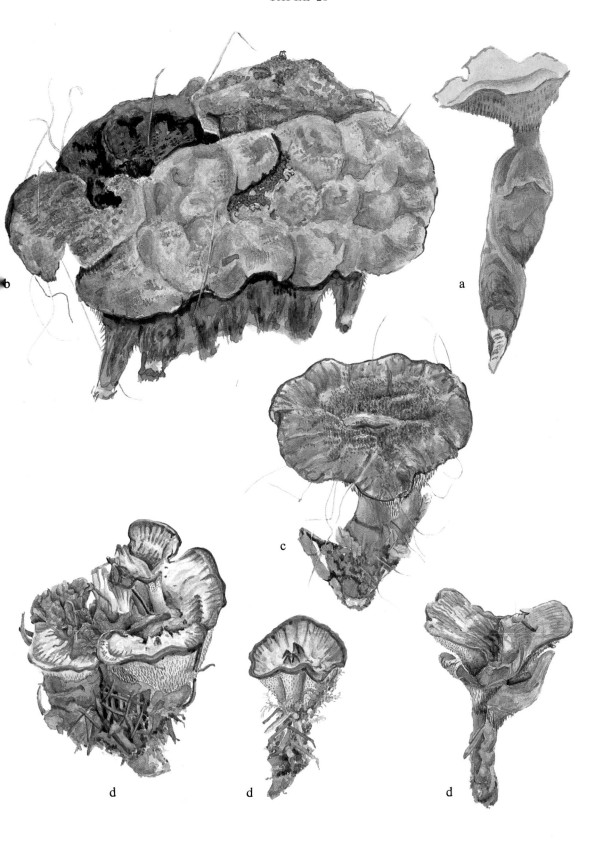

b

a

c

d

d

d

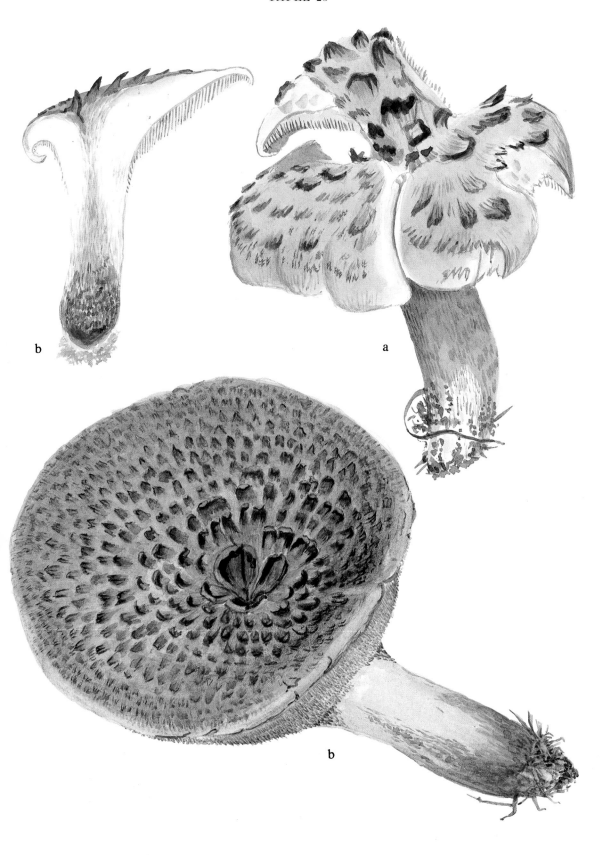

b

a

b

a

b

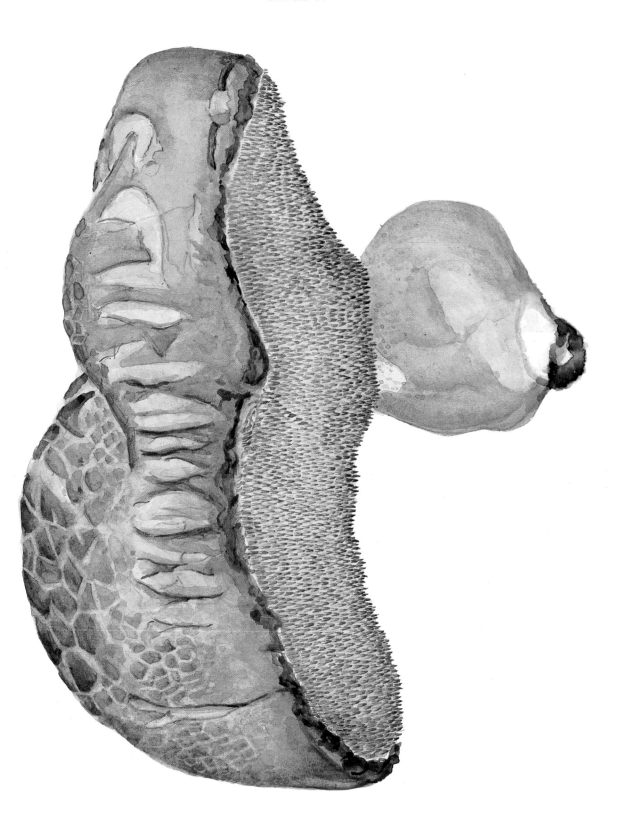

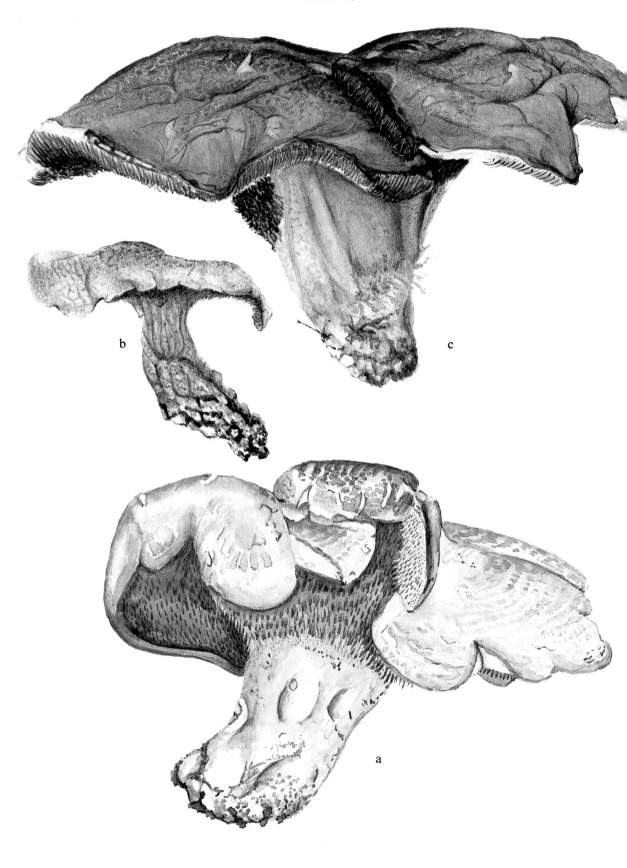

TAFEL 29

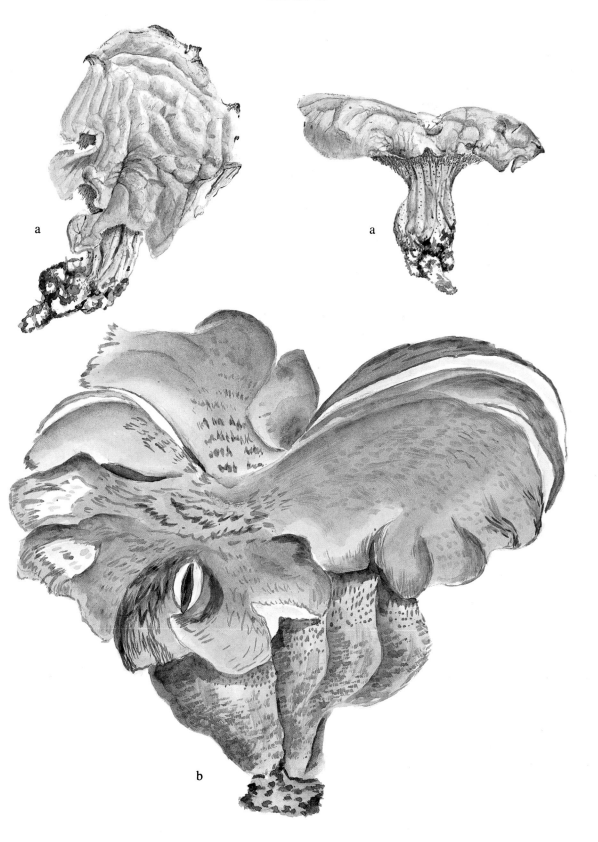

a

a

b

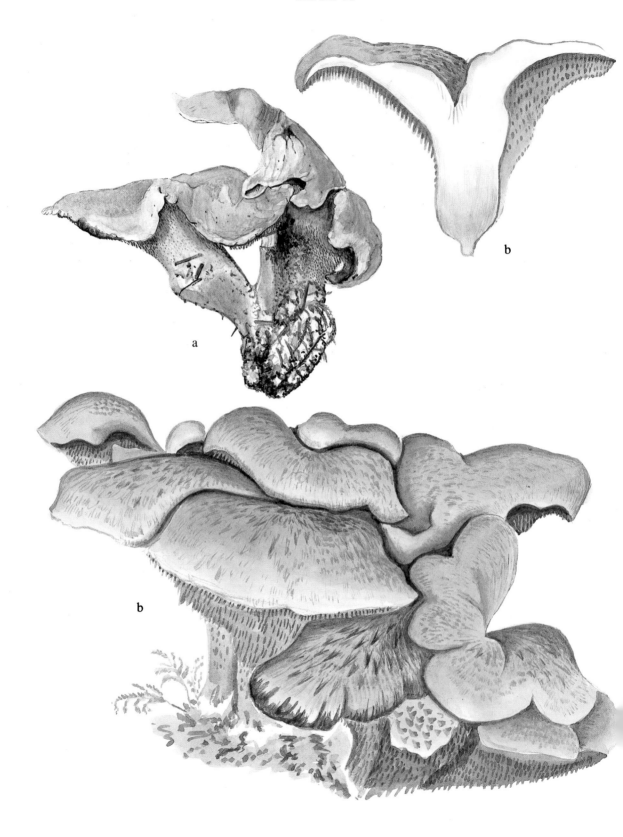

a

b

b

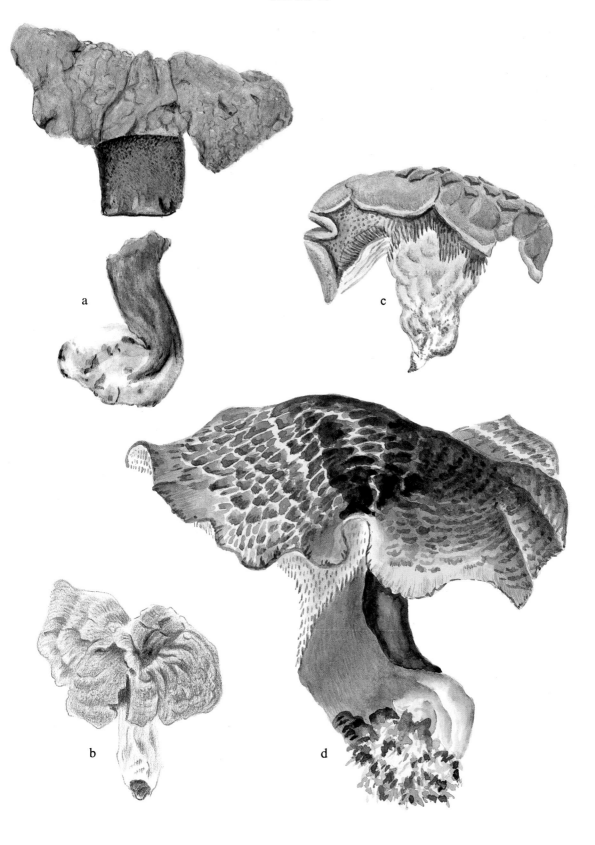

a

c

b

d

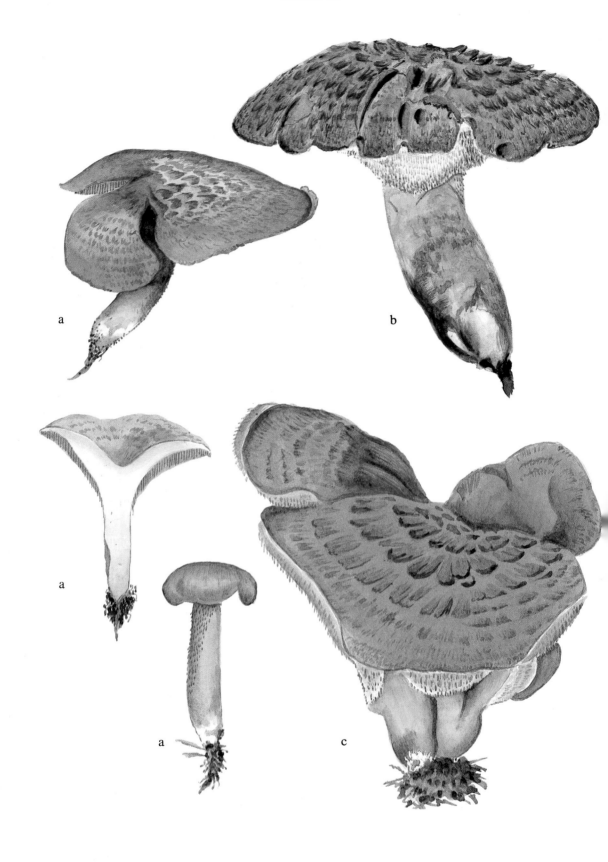

a

b

a

a

c

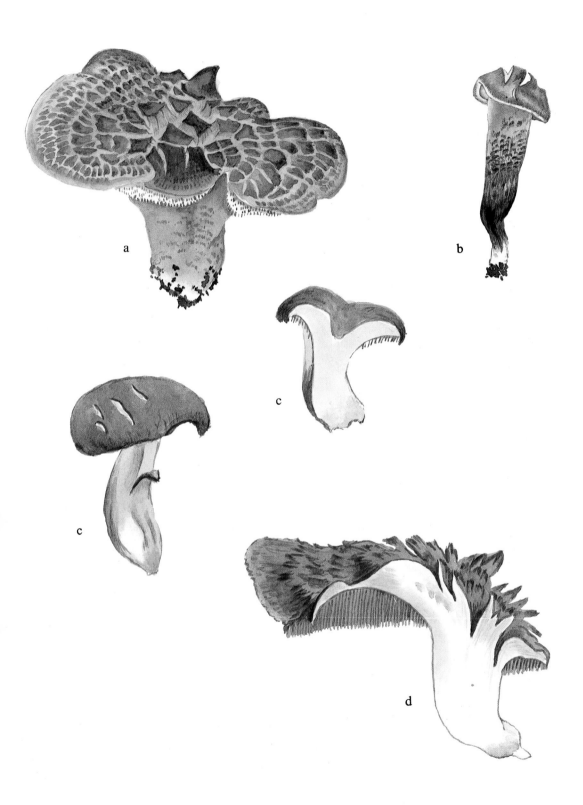

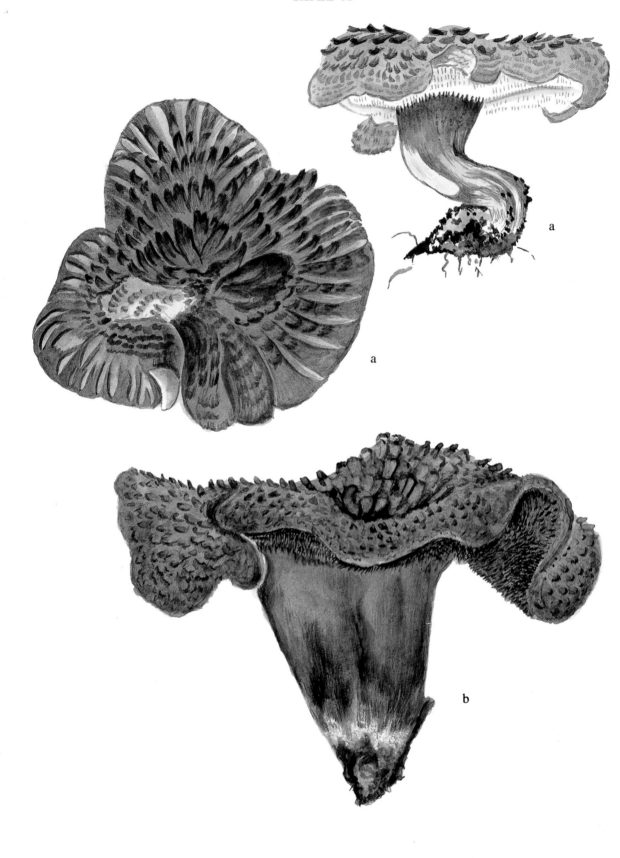

a

a

b

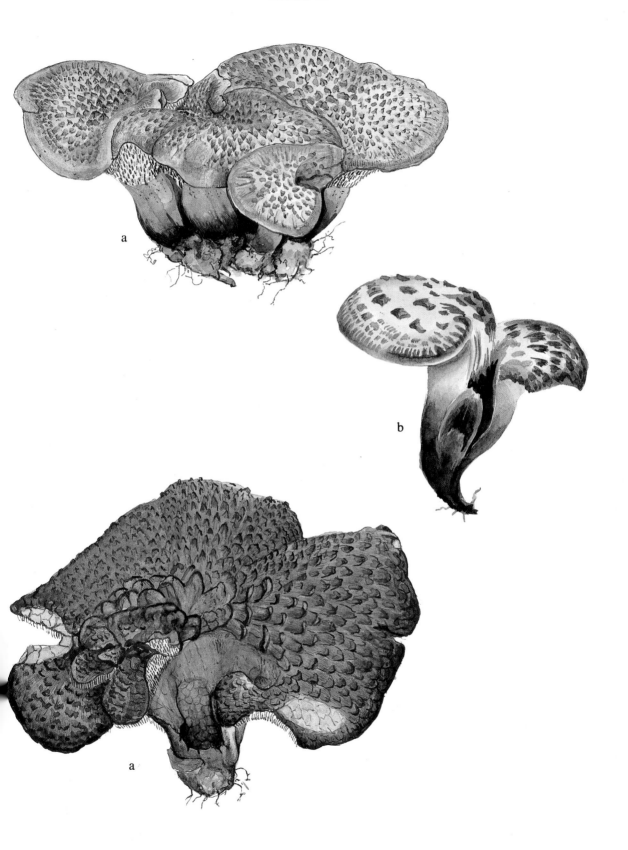

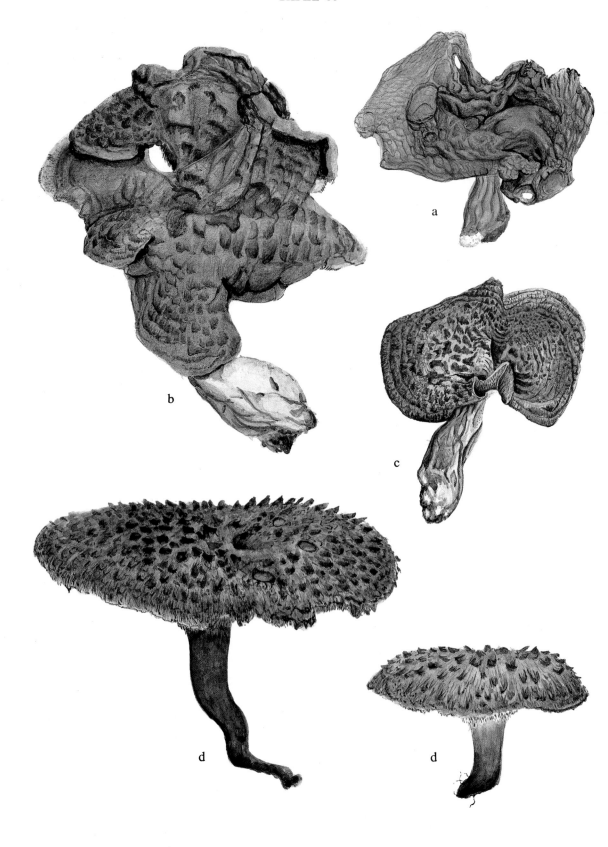

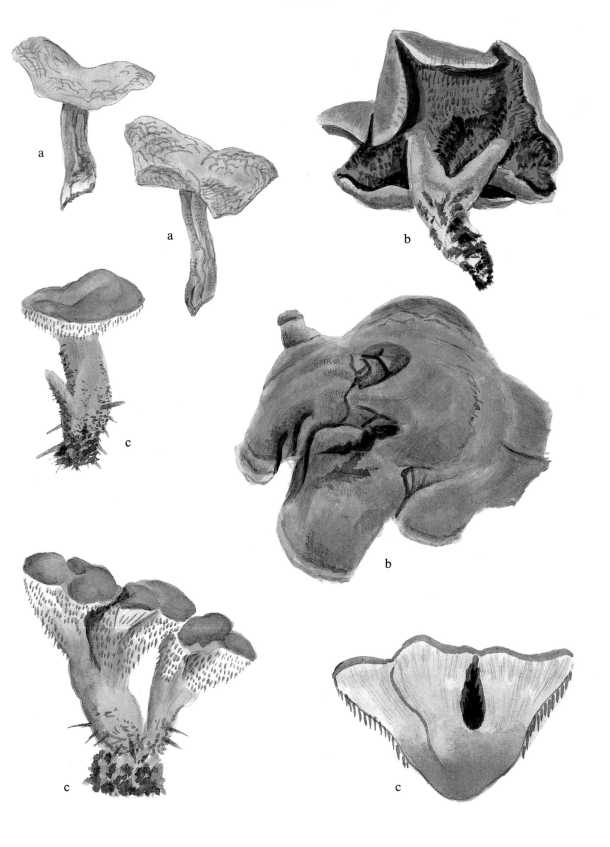

a

a

b

c

b

c

c

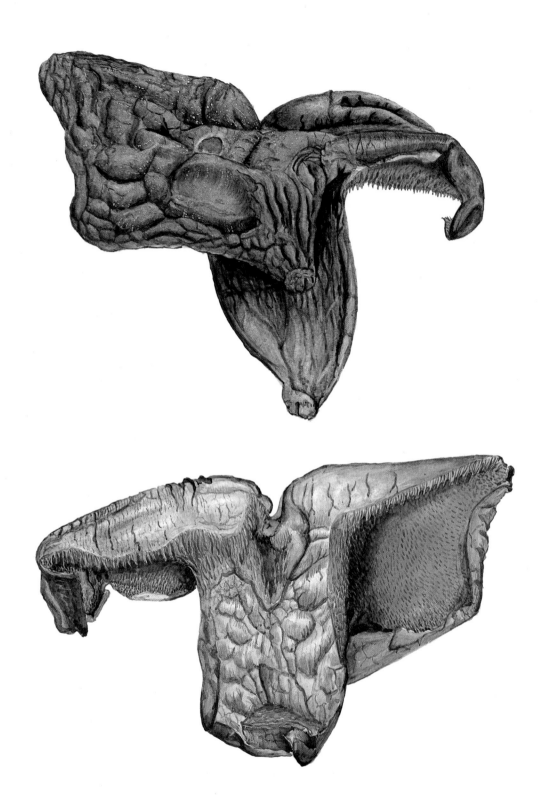

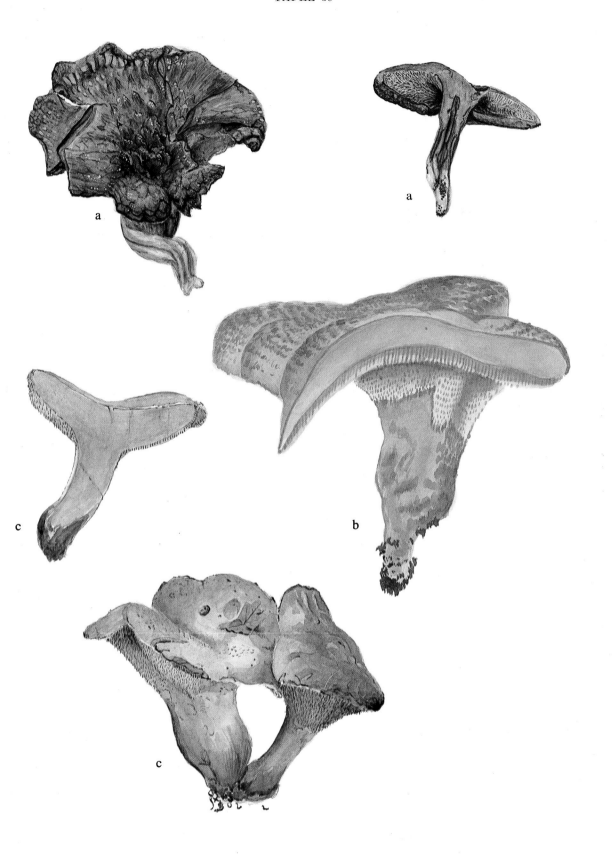

a

a

c

b

c

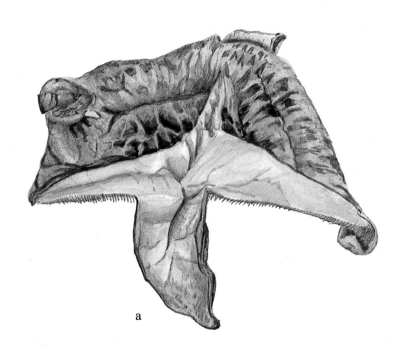

a

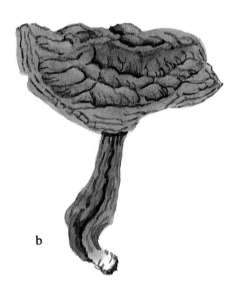

b

Verhandelingen, uitgegeven gedurende het afgelopen jaar en een aantal daaraan voorafgaande jaren:

(Transactions published during the preceding years and the current year)

---

*) Out of print

CASPARIE ALKMAAR BV